中等职业学校财经类专业课规划教材

涉税业务办理

导学与实训

SHESHUI YEWU BANLI

DAOXUE YU SHIXUN

（第二版）

陈 琰 主 编

东北财经大学出版社
Dongbei University of Finance & Economics Press
大连

图书在版编目（CIP）数据

涉税业务办理导学与实训/陈琰主编. —2版. —大连：东北财经大学出版社，2017.9（2018.10重印）

（中等职业学校财经类专业课规划教材）

ISBN 978-7-5654-2934-7

Ⅰ．涉⋯　Ⅱ．陈⋯　Ⅲ．企业管理–税收管理–中国–中等专业学校–教材　Ⅳ．F812.423

中国版本图书馆CIP数据核字（2017）第231514号

东北财经大学出版社出版

（大连市黑石礁尖山街217号　邮政编码　116025）

网　　址：http://www.dufep.cn

读者信箱：dufep@dufe.edu.cn

大连美跃彩色印刷有限公司印刷　东北财经大学出版社发行

幅面尺寸：185mm×260mm　　　字数：157千字　　　印张：7

2017年9月第2版　　　　　　　2018年10月第7次印刷

责任编辑：周　欢　曲以欢　　　责任校对：京　玮

封面设计：张智波　　　　　　　版式设计：钟福建

定价：18.00元

第二版前言

为了方便教师课堂教学，帮助学生更好地梳理巩固所学知识，掌握涉税业务流程和方法，我们依据教育部《中等职业学校专业教学标准（试行）财经商贸类（第二辑）》中的"会计专业教学标准"、山东省《中等职业学校会计专业教学指导方案》、山东省春季高考的相关要求和说明以及我国现行的税收法律法规等，编写了与《涉税业务办理》（第二版）相配套的《涉税业务办理——导学与实训》（第二版）。

本书遵循"以职业能力为本位，以职业实践为主导"的教学理念，注重"知识和能力"的有效结合，突出对学生认知能力和实践能力的培养。

本书在编写体例上与主教材保持一致，力求语言简练、通俗易懂。全书按照涉税业务实际分为八个项目，每个项目都设置了内容概要，任务与目标，重点、难点，知识归纳和目标检测与实训等专题内容。其中：

内容概要——概括归纳了各项目中的应知应会的内容，帮助学生建构知识体系。

任务与目标——突出学习任务和认知目标。

重点、难点——把握知识与技能的重点和难点。

知识归纳——以表格的形式对知识点进行了归纳整合，便于学生对比分析和理解掌握。

目标检测与实训——编制了充足、实用的单项选择题、多项选择题、判断题和实训题，帮助学生巩固和熟练掌握，并在书后配有参考答案。

本书由陈琰任主编，孙新华、王希军任副主编，房华、周茂建、赵熠等参与编写。具体编写分工如下：陈琰编写项目一、项目六；孙新华编写项目二；王希军编写项目三、项目四；房华编写项目五；周茂建、赵熠编写项目七；周茂建编写项目八。全书由陈琰负责统稿。

在本书的编写过程中，青岛华夏职业学校、烟台理工学校、济南商贸学校给予了大力支持，同时还得到了青岛安邦代理记账事务所有限公司、青岛中海润新材料有限公司、山东省莱州市盛信会计咨询服务有限公司，以及省市国家税务局和地方税务局等单位的校企合作支持，在此一并表示感谢！

本书既可作为中等职业学校财经类专业主干课程的辅导教材，也可作为在职人员的岗位培训教材、各类纳税人员的参考用书和工作指南。

由于时间和水平有限，书中难免有疏漏和不足之处，敬请同行及读者不吝赐教。

编　者

2017年6月

目 录

项目一

税收基础知识

内容概要

1.税收是国家为满足社会公共需要，凭借政治权力，按照法律所规定的标准和程序，参与国民收入分配，强制地、无偿地取得财政收入的一种特定分配方式。

2.税收的特征可以概括为强制性、无偿性和固定性。

3.税收的职能主要体现在：组织财政收入、调控经济运行、调节收入分配、监督经济活动、维护国家权益。

4.税收制度的构成要素一般包括纳税义务人、征税对象、税目、税率、纳税环节、纳税期限、纳税地点、减税免税、法律责任等项目。

5.我国现行税法体系由税收实体法和税收征收管理的程序法共同构成。

6.税收按征税对象的性质不同，可分为相应的五大类，即流转税（即商品和劳务税）、所得税、财产和行为税、资源税、特定目的税。

税收按税收管理和使用权限不同，可分为中央税、地方税和中央地方共享税。

税收按税收与价格的关系不同，可分为价内税和价外税。

税收按计税标准不同，可分为从价税和从量税。

任务与目标

1.理解税收的概念、特征与职能。

2.掌握税收制度的构成要素。

3.明确我国现行税法体系和税收征收管理范围。

重点、难点

1.税收的概念、特征、职能。

2.税收的构成要素。

3.税收的分类。

知识归纳

1.税收的构成要素（见表1-1）。

表1-1   税收的构成要素

构成要素		相关的内容
基本要素	纳税义务人	（1）自然人；（2）法人；（3）代扣代缴义务人；（4）负税人；（5）纳税单位
	征税对象	（1）计税依据；（2）税目
	税率	（1）比例税率；（2）累进税率；（3）定额税率
其他要素	纳税环节	（1）生产环节；（2）流通环节；（3）分配环节
	纳税期限	（1）按期纳税；（2）按次纳税；（3）按年计征、分期预缴
	纳税地点	（1）纳税人所在地；（2）财产所在地或者行为发生地
	税收优惠	（1）减税；（2）免税；（3）出口退税及其他一些内容
	法律责任	（1）经济责任；（2）行政责任；（3）刑事责任

2.我国现行税率的基本形式有三种：比例税率、累进税率和定额税率（见表1-2）。

表1-2   我国现行税率的基本形式

税率形式	概念	适用范围	适用税种举例
比例税率	对同一征税对象，不分数额大小，规定相同的征收比例的税率	多适用于从价计征的税种	我国现行的增值税、企业所得税等
累进税率	按照征税对象数额的大小，规定不同等级的税率，即对同一征税对象随着数额的增加，征收比例也随之提高的税率。目前常用的累进税率有超额累进税率和超率累进税率两种	多适用于收益类的税种	我国现行的工资、薪金个人所得税采用的是超额累进税率；土地增值税采用的是超率累进税率等
定额税率	又称为固定税额，它是按照征税对象的一定实物量，直接规定固定的征税税额	多适用于从量计征的税种	我国现行的城镇土地使用税、资源税等

3.我国现行的税法体系，由税收实体法和税收征收管理的程序法共同构成（见表1-3）。

表1-3   我国现行的税法体系

构成	主要内容	举例
税收实体法	是指确定税种立法，具体规定各税种的征收对象、征收范围、税目、税率、纳税地点等	《中华人民共和国企业所得税法》《中华人民共和国个人所得税法》
税收征收管理的程序法	是指税务管理方面的法律，主要包括税收管理法、纳税程序法、发票管理法、税务机关组织法、税务争议处理法等	《税收征收管理法》

4.我国现行税收分为五大类（见表1-4）。

表1-4　　　　　　　　　　　　　　　我国现行税收分类

分类	主要特点	主要税种
商品和劳务税	是对销售商品或提供劳务的流转额征收的一类税。主要在生产、流通或者服务中发挥调节作用	增值税、消费税、关税
所得税	是对纳税人在一定期间获取的应纳税所得额（收益）征收的一类税。主要是在国民收入形成后，对生产经营者的利润和个人的纯收入发挥调节和公平税负的作用	企业所得税、个人所得税
财产和行为税	主要是对纳税人所有或属其支配的财产或某种行为征收的一类税，并对其发挥调节作用	房产税、车船税、契税、印花税
资源税	主要是对因开发和利用自然资源差异而形成的极差收入发挥调节作用，其目的是为了保护和合理使用国家自然资源	资源税、土地增值税、城镇土地使用税
特定目的税	主要是为了达到特定目的，对某些特定对象和特定行为发挥特定的调节作用	城市维护建设税、车辆购置税、耕地占有税、船舶吨税、烟叶税

5.我国征税机关征管范围的划分（见表1-5）。

表1-5　　　　　　　　　　　　　　我国征税机关征管范围的划分

征税机关	征管范围内的主要税种
国家税务局	增值税、消费税、车辆购置税、各银行总行和各保险总公司集中缴纳的所得税、城市维护建设税、中央企业缴纳的所得税等
地方税务局	城市维护建设税（不包括上述由国家税务局征管的部分）、部分企业所得税、个人所得税、资源税、城镇土地使用税、耕地占用税、土地增值税、房产税、车船税、印花税、契税
海关	关税、船舶吨税、代征进口环节的增值税和消费税

目标检测与实训

一、单项选择题

1.税收，也称为国家税收，是国家为满足社会公共需要，凭借公共权力，按照（　　　　）所规定的标准和程序，参与国民收入分配，强制地、无偿地取得财政收入的一种方式。

　　A.国家政策　　　　　　B.法律　　　　　　C.财政需求　　　　　　D.国务院

2.税收的主体是（　　　　）。

　　A.国家　　　　　　B.企业单位　　　　　　C.个人　　　　　　D.税务机关

3.在国家财政收入中比重最大的是（　　　　）。

　　A.国有资产经营收入　　　　　　　　　　　　B.税收

C.国债收入　　　　　　　　　　　　D.政府规费收入

4.国家征税凭借的是（　　）权利。

A.经济　　　　　B.财产　　　　　C.政治　　　　　D.法律

5.在税收的特征中，（　　）是税收这种特殊分配手段本质的体现。

A.无偿性　　　　B.强制性　　　　C.固定性　　　　D.特殊性

6.税收制度最基本的职能是（　　）。

A.组织财政收入　　B.调控经济运行　　C.调节收入分配　　D.监督经济活动

7.（　　）是征税对象的具体化。

A.税源　　　　　B.税目　　　　　C.计税依据　　　　D.税率

8.对同一征税对象，不论其数额大小，只规定同一比例的一种税率形式是（　　）。

A.比例税率　　　B.累进税率　　　C.定额税率　　　D.名义税率

9.（　　）又称税基，是计算税款的依据。

A.税源　　　　　B.税目　　　　　C.计税依据　　　　D.征税对象

10.对应纳税额少征一部分税款的是（　　）。

A.起征点　　　　B.免征额　　　　C.减税　　　　　D.免税

11.税收（　　）可分为流转税、所得税、资源税、财产和行为税、特定目的税。

A.按税收管理和使用权限　　　　　B.按征税对象的性质

C.按计税标准的依据　　　　　　　D.按税负是否转嫁的标准

12.下列税种中，（　　）是价外税。

A.关税　　　　　B.增值税　　　　C.消费税　　　　　D.印花税

二、多项选择题

1.税收具有（　　）的特点。

A.固定性　　　　B.无偿性　　　　C.自愿性　　　　D.强制性

2.税收具有（　　）的职能作用。

A.组织财政收入　　B.调控经济运行　　C.调节收入分配　　D.监督经济活动

3.税收与行政规费的区别在于（　　）。

A.主体不同　　　B.特征不同　　　C.用途不同　　　D.征收办法不同

4.下列关于纳税人的说法中，正确的是（　　）。

A.纳税人包括法人和自然人　　　　B.纳税人只包括法人

C.纳税人即纳税主体　　　　　　　D.纳税人即负税人

5.我国现行的税率形式主要有（　　）。

A.比例税率　　　B.累进税率　　　C.定额税率　　　D.复合税率

6.我国现行的纳税期限有（　　）。

A.按期纳税　　　　　　　　　　　B.按次纳税

C.按年计征，分期预缴　　　　　　D.固定期限纳税

7.现行税制中（　　）属于商品和劳务税。

A.增值税　　　　B.消费税　　　　C.关税　　　　　D.个人所得税

8.我国现行的税法体系主要由（　　）构成。

A.税收实体法   B.税收征收管理的程序法

C.征税对象   D.征税范围

9.我国的税收征税机关主要有（　　　　）。

A.国家税务局   B.地方税务局   C.财政局   D.海关

10.界定不同税种应纳税额计算的核心要素是（　　　　）。

A.纳税义务人   B.征税对象   C.税率   D.税收优惠

三、判断题

1.国家征税的目的是为了满足社会成员获得公共产品的需要。   （　　　）

2.税收的强制性是实现税收无偿征收的保证。   （　　　）

3.税收决定经济，经济反作用于税收。   （　　　）

4.税收和行政规费的主要区别在于是否专款专用。   （　　　）

5.税收具有维护国家权益的作用。   （　　　）

6.纳税人既包括法人也包括自然人。   （　　　）

7.纳税人即负税人。   （　　　）

8.计税依据又称为税基，是计算税款的依据。   （　　　）

9.纳税期限包括按期纳税和按次纳税两种形式。   （　　　）

10.按期纳税的间隔期分为1日、5日、10日、15日和1个月。   （　　　）

项目二

增值税

内容概要

1.增值税是对销售货物或提供劳务以及应税行为过程中实现的增值额征收的一种税。增值税可以避免重复征税，是当今世界各国流行的一个税种。

2.在中华人民共和国境内销售货物或提供加工、修理修配劳务，以及进口货物的单位和个人是增值税的纳税人。在境内销售服务、无形资产或者不动产的单位和个人，也为增值税纳税人，由原来缴纳营业税改为缴纳增值税。

3.增值税的纳税人分为一般纳税人和小规模纳税人。

4.一般纳税人实行税款抵扣制，即规定在每一个流转环节由卖方向买方收取销项税额，然后纳税人以其销项税额减去购进过程中的进项税额之后的余额缴税。

5.小规模纳税人采用按销售额和征收率简易计征增值税的办法。

6.一般纳税人适用的增值税基本税率为17%，低税率有11%和6%两种，对大部分出口产品实行零税率。小规模纳税人的增值税征收率目前为3%。

7.计算增值税时依据的销售额是指纳税人销售货物，提供加工、修理修配劳务，销售服务、无形资产、不动产时向购买方收取的全部价款和价外费用。

8.企业的增值税纳税义务发生后，应在法定纳税期限内，在规定的纳税地点进行纳税申报。

任务与目标

1.熟悉增值税的概念、类型、特点、减免税规定。

2.掌握增值税的纳税人、征税范围、税率、一般纳税人和小规模纳税人的应纳税额的计算方法。

3.了解增值税的征收管理及申报缴纳等内容。

重点、难点

1.增值税征税范围的界定。

2.增值税各种税率和征收率的应用。

3.一般纳税人和小规模纳税人应纳增值税税额的计算。

4.增值税专用发票的使用及管理规定。

知识归纳

1.一般纳税人和小规模纳税人的划分标准（见表2-1）。

表2-1　　　　　　　　　一般纳税人和小规模纳税人的划分标准

项目		具体规定
基本划分标准	年销售额的大小	（1）年应征增值税销售额符合以下标准的为小规模纳税人： ①从事货物生产或者提供应税劳务的纳税人，以及以从事货物生产或者提供应税劳务为主，并兼营货物批发或者零售的纳税人，年应征增值税销售额（以下简称年应税销售额）在50万元以下（含50万元，下同）的； ②销售服务、无形资产或者不动产的单位和个人，年应税销售额未超过500万元的； ③对上述规定以外的纳税人，年应税销售额在80万元以下的。 （2）年应税销售额超过上述标准的企业和企业性单位，为一般纳税人
	会计核算水平	（1）会计核算不健全，不能按规定报送有关税务资料的增值税纳税人为小规模纳税人； （2）会计核算健全，能按规定报送有关税务资料的增值税纳税人为一般纳税人
特殊划分标准		（1）年应税销售额超过小规模纳税人标准的其他个人为小规模纳税人； （2）非企业性单位、不经常发生应税行为的企业为小规模纳税人

2.增值税的征税范围（见表2-2）。

表2-2　　　　　　　　　增值税的征税范围

项目		具体征税范围
一般范围		（1）销售货物；（2）提供加工、修理修配劳务；（3）进口货物；（4）销售服务、无形资产或不动产
特殊征税范围	视同销售货物行为	（1）将货物交付其他单位或者个人代销； （2）销售代销货物； （3）设有两个以上机构并实行统一核算的纳税人，将货物从一个机构移送至其他机构用于销售，但相关机构设在同一县（市）的除外； （4）将自产、委托加工的货物用于集体福利或者个人消费； （5）将自产、委托加工或者购进的货物作为投资，提供给其他单位或者个体工商户； （6）将自产、委托加工或者购进的货物分配给股东或者投资者； （7）将自产、委托加工或者购进的货物无偿赠送其他单位或者个人
	视同销售服务、无形资产或不动产行为	（1）单位或者个体工商户向其他单位或者个人无偿提供服务，但用于公益事业或者以社会公众为对象的除外； （2）单位或者个人向其他单位或者个人无偿转让无形资产或不动产，但用于公益事业或者以社会公众为对象的除外； （3）财政部和国家税务总局规定的其他情形
	混合销售行为	一项销售行为如果既涉及货物又涉及服务，即为混合销售行为
	兼营	是指纳税人的经营中既包括销售货物和加工、修理修配劳务，又包括销售服务、无形资产和不动产的行为

3.增值税的税率（见表2-3）。

表2-3 增值税的税率

纳税人	税率		适用范围
一般纳税人	基本税率17%		销售或进口的大部分货物，提供加工、修理修配劳务，提供有形动产租赁服务
	低税率	11%	（1）销售或者进口农产品、食用植物油、自来水、暖气、冷气、热水、煤气、石油液化气、天然气、沼气、居民用煤炭制品、图书、报纸、杂志、化肥、农药、农机、农膜、饲料、音像制品、电子出版物、二甲醚、食用盐。（2）提供交通运输、邮政、基础电信、建筑、不动产租赁服务，销售不动产，转让土地使用权
		6%	提供增值电信服务、金融服务、现代服务（除有形动产租赁服务和不动产租赁服务外）、生活服务，销售无形资产（除转让土地使用权外）
	扣除率11%或13%		购进免税农产品
小规模纳税人	征收率3%		

4.混合销售行为和兼营行为的征税规定（见表2-4）。

表2-4 混合销售行为和兼营行为的征税规定

经营行为	含义	税务处理原则
混合销售行为	一项销售行为如果既涉及货物又涉及服务，为混合销售	（1）从事货物的生产、批发或者零售以及以货物的生产、批发或者零售为主的单位和个体工商户，按照销售货物计算销项税额；（2）其他单位和个体工商户的混合销售行为，按照销售服务计算销项税额
兼营行为	兼营，是指纳税人的经营中既包括销售货物和加工、修理修配劳务，又包括销售服务、无形资产和不动产的行为	能分别核算适用不同税率或者征收率的销售额的，可以按照不同税率或者征收率计算销项税额
		未分别核算适用不同税率或者征收率的销售额的，按照以下方法确定适用的税率或者征收率：（1）兼有不同税率的销售货物，加工、修理修配劳务，销售服务、无形资产或者不动产，从高适用税率；（2）兼有不同征收率的销售货物，加工、修理修配劳务，销售服务、无形资产或者不动产，从高适用征收率；（3）兼有不同税率和征收率的销售货物，加工、修理修配劳务，销售服务、无形资产或者不动产，从高适用税率

5.一般纳税人的增值税计算。

（1）计算公式。

应纳税额=当期销项税额-当期进项税额

（2）销项税额。

销项税额是指纳税人销售货物、提供应税劳务或销售服务、无形资产、不动产时，按照销售额和规定的税率计算并向购买方收取的增值税税额。销项税额的计算公式为：

销项税额=销售额×适用税率

其中，销售额是指纳税人销售货物、提供应税劳务或销售服务、无形资产、不动产时，向购买方收取的全部价款和价外费用。

（3）进项税额。

一般纳税人购进货物，加工、修理修配劳务以及服务、无形资产、不动产时支付或者负担的增值税税额，为进项税额。

（4）准予从销项税额中抵扣的进项税额。

准予从销项税额中抵扣的进项税额，主要包括下列增值税扣税凭证上注明的增值税税额和按规定的扣除率计算的进项税额：

①从销售方取得的增值税专用发票上注明的增值税税额。

②从海关取得的海关进口增值税专用缴款书上注明的增值税税额。

③购进免税农产品，按照农产品收购发票或者销售发票上注明的农产品买价和相应的扣除率计算的进项税额。

④纳税人购进服务、无形资产或者不动产，取得的增值税专用发票上注明的增值税税额，准予从销项税额中抵扣。

⑤纳税人自用的应征消费税的摩托车、汽车、游艇，其进项税额准予从销项税额中抵扣。

（5）不得从销项税额中抵扣的进项税额。

下列项目的进项税额不得从销项税额中抵扣：

①用于简易计税方法的计税项目、免征增值税项目、集体福利或者个人消费的购进货物，加工、修理修配劳务以及服务、无形资产或者不动产。

②非正常损失的购进货物，以及相关的加工、修理修配劳务和交通运输服务。

③非正常损失的在产品、产成品所耗用的购进货物（不包括固定资产）、加工修理修配劳务和交通运输服务。

④非正常损失的不动产，以及该不动产所耗用的购进货物、设计服务和建筑服务。

⑤非正常损失的不动产在建工程所耗用的购进货物、设计服务和建筑服务。

⑥购进的旅客运输服务、贷款服务、餐饮服务、居民日常服务和娱乐服务。

⑦纳税人接受贷款服务向贷款方支付的与该笔贷款直接相关的投融资顾问费、手续费、咨询费等费用，其进项税额不得从销项税额中抵扣。

⑧财政部和国家税务总局规定的其他情形。

6.小规模纳税人的增值税计算。

小规模纳税人的应纳税额=含税销售额÷（1+征收率）×征收率

7.进口货物的增值税计算。

进口货物的应纳税额=（关税完税价格+关税+消费税）×税率

8.纳税义务发生时间的一般规定。

（1）纳税人销售货物，提供加工、修理修配劳务或销售服务、无形资产或不动产的，其纳税义务发生时间为收讫销售款项或者取得索取销售款项凭据的当天；先开具发票的，为开具发票的当天。

（2）纳税人进口货物，其纳税义务发生时间为报关进口的当天。

（3）增值税扣缴义务发生时间为纳税人增值税纳税义务发生的当天。

9.纳税期限。

增值税的纳税期限分别为1日、3日、5日、10日、15日、1个月或者1个季度。

10.纳税地点。

（1）固定业户应当向其机构所在地的主管税务机关申报纳税。总机构和分支机构不在同一县（市）的，应当分别向各自所在地的主管税务机关申报纳税；经国务院财政、税务主管部门或者其授权的财政、税务机关批准，可以由总机构汇总向总机构所在地的主管税务机关申报纳税。

（2）固定业户到外县（市）销售货物或者应税劳务，应当向其机构所在地的主管税务机关申请开具外出经营活动税收管理证明，并向其机构所在地的主管税务机关申报纳税；未开具证明的，应当向销售地或者劳务发生地的主管税务机关申报纳税；未向销售地或者劳务发生地的主管税务机关申报纳税的，由其机构所在地的主管税务机关补征税款。

（3）非固定业户销售货物或者应税劳务，应当向销售地或者劳务发生地的主管税务机关申报纳税；未向销售地或者劳务发生地的主管税务机关申报纳税的，由其机构所在地或者居住地的主管税务机关补征税款。

非固定业户销售服务、无形资产或不动产的，应当向其应税行为发生地主管税务机关申报纳税；未申报纳税的，由其机构所在地或者居住地的主管税务机关补征税款。

（4）其他个人提供建筑服务、销售或租赁不动产、转让自然资源使用权，应向建筑服务发生地、不动产所在地、自然资源所在地主管税务机关申报纳税。

（5）进口货物，应当向报关地海关申报纳税。

（6）扣缴义务人应当向其机构所在地或者居住地的主管税务机关申报缴纳其扣缴的税款。

11.增值税专用发票的使用及管理。

（1）增值税专用发票的联次及用途。

增值税专用发票由基本联次或者基本联次附加其他联次构成，基本联次为三联，分别为：

①发票联，作为购买方核算采购成本和增值税进项税额的记账凭证；

②抵扣联，作为购买方报送主管税务机关认证和留存备查的扣税凭证；

③记账联，作为销售方核算销售收入和增值税销项税额的记账凭证。

其他附加联次的用途，由一般纳税人自行确定。

（2）增值税专用发票的开具要求。

增值税专用发票应按下列要求开具：

①项目齐全，与实际交易相符；

②字迹清楚，不得压线、错格；

③发票联和抵扣联加盖财务专用章或者发票专用章；

④按照增值税纳税义务的发生时间开具。

对不符合上列要求的专用发票，购买方有权拒收。

目标检测与实训

一、单项选择题

1.增值税的征收对象为（　　）。

A.销售收入 B.增值额 C.利润额 D.工资额

2.（　　）是指允许纳税人在计算增值税税额时，从商品和劳务销售额中扣除当期购进的固定资产增值税总额的一种增值税。

A.生产型增值税 B.收入型增值税 C.消费型增值税 D.以上都对

3.不属于现行增值税划分纳税人标准的是（　　）。

A.年应税销售额50万元 B.年应税销售额80万元

C.会计核算是否健全 D.年应税销售额100万元

4.下列不属于视同销售行为的是（　　）。

A.将购买的货物作为投资提供给其他单位或个体经营者

B.自产的货物发生非正常损失

C.将购买的货物分配给股东或投资者

D.将购买的货物无偿赠送他人

5.下列业务中，适用增值税零税率的是（　　）。

A.进口货物 B.销售无形资产或不动产

C.出口货物 D.电视机厂销售电视机

6.纳税人提供加工、修理修配劳务适用的增值税税率为（　　）。

A.13% B.17% C.11% D.6%

7.纳税人销售不动产适用的增值税税率为（　　）。

A.13% B.17% C.11% D.6%

8.纳税人销售土地使用权以外的无形资产适用的增值税税率为（　　）。

A.13% B.17% C.11% D.6%

9.纳税人销售下列货物适用17%的增值税税率的是（　　）。

A.电视机 B.自来水 C.报纸 D.化肥

10.下列货物，不适用11%增值税税率的是（　　）。

A.报纸 B.啤酒 C.煤气 D.音像制品

11.运输公司提供交通运输服务适用的增值税税率是（　　）。

A.17% B.13% C.11% D.6%

12.小规模纳税人适用的增值税征收率为（　　）。

A.6% B.3% C.17% D.13%

13.某增值税一般纳税人向农民购进免税农产品10吨用于直接销售，收购凭证上记载价款为10万元，该纳税人当期准予扣除的进项税额为（　　　　）。

A.0.7万元　　　　　　B.1.1万元　　　　　　C.1.7万元　　　　　　D.0.3万元

14.某服装厂是一般纳税人，2017年2月购入车床一台，支付买价100 000元，增值税17 000元，当月生产产品全部销售取得不含税收入160 000元，其当月应纳增值税税额为（　　　　）。

A.12 920元　　　　　B.27 200元　　　　　C.17 000元　　　　　D.10 200元

15.某商店是进行商品零售的小规模纳税人，2017年1月取得含税销售额为85 000元，其当月应纳的增值税税额为（　　　　）。

A.2 475.73元　　　　B.4 811.32元　　　　C.3 400元　　　　　D.5 100元

16.某体育器材厂将生产加工的一批体育器材无偿赠送给一所小学，其制造成本为18万元，该企业的成本利润率为10%，同类体育器材的市场售价平均为21万元，则该批体育器材的销售额应确认为（　　　　）。

A.18万元　　　　　　B.19.44万元　　　　　C.19.8万元　　　　　D.21万元

17.将购买的货物用于下列项目，其进项税额准予抵扣的是（　　　　）。

A.用于产品的生产　　　　　　　　　B.用于免征增值税项目

C.用于职工集体福利　　　　　　　　D.用于职工个人消费

18.某单位下列已取得增值税专用发票的项目中，不得抵扣进项税额的是（　　　　）。

A.外购的生产设备　　　　　　　　　B.外购的生产用原材料

C.外购的汽车　　　　　　　　　　　D.外购的发给职工的节日慰问品

19.下列各项中，其进项税额可以从销项税额中抵扣的是（　　　　）。

A.用于免征增值税项目、集体福利或者个人消费的购进货物或劳务

B.非正常损失的购进货物

C.非正常损失的不动产

D.购进的无形资产

20.下列项目中，应免征增值税的是（　　　　）。

A.农业生产者销售的自产农产品　　　B.企业将自产产品赠与他人

C.将产品对外投资　　　　　　　　　D.逾期未收回出租包装物而没收的押金

21.纳税人采取分期收款方式销售货物，其增值税纳税义务发生时间为（　　　　）。

A.合同约定的收款日期　　　　　　　B.收到第一笔货款的当天

C.收到全部货款的当天　　　　　　　D.发出商品的当天

22.甲企业委托乙商场代销货物，甲企业纳税义务发生的时间为（　　　　）。

A.发出货物的当天　　　　　　　　　B.双方签订代销合同的当天

C.收到代销清单的当天　　　　　　　D.以上都可以

23.纳税人进口货物，应当自海关填发进口增值税专用缴纳书之日起（　　　　）内缴纳增值税税款。

A.5日　　　　　　　　B.7日　　　　　　　　C.10日　　　　　　　D.15日

24.增值税专用发票一般只能由（　　　　）领购使用。

A.所有纳税人　　　　　　　　　　　B.增值税一般纳税人

C.增值税小规模纳税人　　　　　　　　　D.增值税一般纳税人和小规模纳税人

25.不属于增值税专用发票基本联次的是（　　　）。

A.发票联　　　　　　B.抵扣联　　　　　　C.记账联　　　　　　D.存根联

26.下列凭证中不得作为增值税进项税额抵扣凭证的是（　　　）。

A.从销售方取得的增值税专用发票

B.从海关取得的海关进口增值税专用缴款书

C.农产品收购发票

D.增值税普通发票

二、多项选择题

1.目前世界各国实行的增值税类型有（　　　）。

A.生产型增值税　　　B.收入型增值税　　　C.消费型增值税　　　D.部分型增值税

2.关于确定小规模纳税人和一般纳税人的销售额标准说法正确的有（　　　）。

A.从事货物生产或者提供应税劳务的纳税人，年应征增值税销售额在50万元（含50万元）以下的，应确认为小规模纳税人

B.从事货物生产或者提供应税劳务的纳税人，年应征增值税销售额在80万元（含80万元）以下的，应确认为小规模纳税人

C.年应税销售额超过小规模纳税人的其他个人可确定为一般纳税人

D.销售服务、无形资产或者不动产的纳税人，年应征增值税销售额在500万元（含500万元）以下的，应确认为小规模纳税人

3.下列属于"在中华人民共和国境内销售货物或者提供加工、修理修配劳务以及进口货物的单位和个人，为增值税的纳税人，应当依照本条例缴纳增值税。"中所指货物的有（　　　）。

A.电力　　　　　　　B.热力　　　　　　　C.生产用原料　　　　D.机器设备

4.以下属于增值税征收范围的是（　　　）。

A.销售货物或进口货物　　　　　　　　　B.销售不动产

C.销售无形资产　　　　　　　　　　　　D.提供交通运输服务

5.下列业务中，按规定应征收增值税的是（　　　）。

A.电信服务　　　　　B.汽车修理业务　　　C.建筑服务　　　　　D.金融服务

6.纳税人销售或者进口下列货物，税率为11%的有（　　　）。

A.农产品、食用植物油

B.自来水、暖气、冷气、热水、煤气、石油液化气、天然气、沼气、居民用煤炭制品

C.图书、报纸、杂志、音像制品、电子出版物

D.电视机、空调等家用电器

7.增值税一般纳税人适用的低税率有（　　　）。

A.17%　　　　　　　B.13%　　　　　　　C.11%　　　　　　　D.6%

8.增值税一般纳税人发生以下业务，适用11%的增值税税率的有（　　　）。

A.销售不动产　　　　　　　　　　　　　B.转让土地使用权

C.提供生活服务　　　　　　　　　　　　D.提供金融服务

9.增值税一般纳税人发生以下业务，适用6%的增值税税率的有（　　　）。

A.销售专利权　　　　　　　　　　　B.提供交通运输服务

C.提供增值电信服务　　　　　　　　D.提供有形动产租赁服务

10.下列关于增值税小规模纳税人说法正确的有（　　　）。

A.小规模纳税人销售货物、劳务、服务等，实行按照销售额和征收率计算应纳税额
　的简易办法，并不得抵扣进项税额

B.小规模纳税人增值税征收率目前为6%

C.小规模纳税人增值税征收率目前为3%

D.小规模纳税人会计核算健全，能够提供准确税务资料的，可以向主管税务机关申
　请认定为一般纳税人

11.增值税应税销售额中的价外费用应包括（　　　）。

A.价外向购买方收取的手续费

B.价外向购买方收取的违约金、滞纳金

C.价外向购买方收取的延期付款利息、赔偿金

D.价外向购买方收取的包装物押金

12.纳税人发生视同销售货物行为而无销售额的，确定其销售额的方法包括（　　　）。

A.按纳税人最近时期同类货物的平均销售价格确定

B.按其他纳税人最近时期同类货物的平均销售价格确定

C.按组成计税价格确定

D.以货物的成本作为销售额

13.纳税人兼营不同税率或者征收率的销售货物、劳务、服务、无形资产或不动产，
下列说法正确的是（　　　）。

A.应当分别核算适用不同税率或者征收率的销售额并计算销项税额

B.未分别核算的，兼有不同税率的销售货物、劳务、服务、无形资产或者不动产，从
　高适用税率

C.未分别核算的，兼有不同征收率的销售货物、劳务、服务、无形资产或者不动产，
　从高适用征收率

D.未分别核算的，兼有不同税率和征收率的销售货物、劳务、服务、无形资产或者
　不动产，从高适用征收率。

14.可以作为增值税进项税额抵扣凭证的有（　　　）。

A.增值税专用发票　　　　　　　　　B.增值税普通发票

C.农产品收购发票　　　　　　　　　D.海关进口增值税专用缴款书

15.下列相关进项税额，不得从销项税额中抵扣的是（　　　）。

A.用于集体福利或者个人消费的购进货物、加工修理修配劳务、服务等的进项税额

B.非正常损失的购进货物及交通运输服务的进项税额。

C.纳税人自用的应征消费税的摩托车、汽车、游艇的进项税额

D.购进的旅客运输服务、贷款服务、餐饮服务和娱乐服务的进项税额

16.下列货物或服务，免征增值税的有（　　　）。

A.企业将自产的货物用于集体福利

B.农业生产者销售的自产农产品

C.直接用于科学研究、科学试验和教学的进口仪器、设备

D.托儿所、幼儿园提供的保育和教育服务。

17.关于销售货物增值税纳税义务时间说法正确的有（   ）。

A.采取直接收款方式销售货物，不论货物是否发出，均为收到销售款项或者取得索取销售款项凭据的当天；先开具发票的，为开具发票当天

B.采取托收承付和委托银行收款方式销售货物，为发出货物并办妥托收手续的当天

C.采取预收货款方式销售货物，为货物发出的当天

D.纳税人提供建筑服务、租赁服务采取预收款方式的，为收到预收款的当天

18.下列关于增值税纳税地点说法正确的有（   ）。

A.固定业户应当向其机构所在地的主管税务机关申报纳税

B.固定业户到外县（市）销售货物或者应税劳务，应当向其机构所在地的主管税务机关申请开具外出经营活动税收管理证明，并向其机构所在地的主管税务机关申报纳税

C.非固定业户销售货物或者应税劳务，应当向销售地或者劳务发生地的主管税务机关申报纳税

D.进口货物，应当向报关地海关申报纳税

19.下列属于增值税纳税期限的有（   ）。

A.5 天   B.20 天   C.1 个月   D.1 个季度

20.增值税专用发票的基本联次包括（   ）。

A.存根联   B.发票联   C.抵扣联   D.记账联

21.以下情况中，不得开具增值税专用发票的有（   ）。

A.商业企业一般纳税人零售的烟、酒、食品、服装、化妆品等消费品的

B.销售的货物、劳务、服务、无形资产或不动产适用免税规定的

C.向消费者个人销售货物、劳务、服务、无形资产或不动产的

D.小规模纳税人销售货物、劳务、服务、无形资产或不动产的

22.增值税专用发票的开具要求包括（   ）。

A.项目齐全，与实际交易相符

B.字迹清楚，不得压线、错格

C.发票联和抵扣联加盖财务专用章或者发票专用章

D.按照增值税纳税义务的发生时间开具

三、判断题

1.增值税能避免重复征税和平衡税负。   （   ）

2.不论什么企业发生混合销售货物行为，都按销售货物计征增值税。   （   ）

3.对一般纳税人实行凭发票扣税的计税方法，对小规模纳税人实行简易征收方法。

                                                                                （   ）

4.增值税是对有形动产和劳务的有偿转让征收，无形资产的转让、不动产的销售都不

属于增值税的征收范围。 （　　）

5.单位或者个体工商户聘用的员工为本单位或者雇主提供取得工资的服务，也属于增值税的征税范围。 （　　）

6.除国家税务总局另有规定外，纳税人一经认定为一般纳税人后，不得转为小规模纳税人。 （　　）

7.小规模纳税人，增值税按购进扣税法计税。 （　　）

8.采取以旧换新方式销售货物的，应按新货物的同期销售价格确定销售额，同时可以扣减旧货物的收购价格。 （　　）

9.对增值税一般纳税人向购买方收取的价外费用，应视为含税收入，在征税时换算成不含税收入再并入销售额。 （　　）

10.增值税一般纳税人销售或者进口货物，提供加工、修理修配劳务，以及提供有形动产租赁服务，除低税率适用范围外，一律适用17%的基本税率。 （　　）

11.纳税人兼营不同税率的货物或者应税劳务，应当分别核算不同税率货物或者应税劳务的销售额；未分别核算销售额的，可从低适用税率。 （　　）

12.用于免税产品生产的原料，购进时所支付的进项税额不得抵扣。 （　　）

13.纳税人自用的摩托车、汽车、游艇，其进项税额不得从销项税额中抵扣。 （　　）

14.货物或不动产的非正常损失，是指因管理不善造成被盗、丢失、霉烂变质，以及因违反法律法规造成货物或者不动产被依法没收、销毁、拆除的情形。 （　　）

15.增值税起征点的适用范围包括企业和个人。 （　　）

16.销售货物或者应税劳务先开具发票后付款的，增值税纳税义务发生时间为开具发票的当天。 （　　）

17.采用直接收款方式销售货物，不论货物是否发出，增值税纳税义务发生时间均为收到销售款的当天。 （　　）

18.固定业户到外县（市）销售货物或者应税劳务的，应当向销售地主管税务机关申报纳税。 （　　）

19.增值税小规模纳税人可以自行开具增值税专用发票、增值税普通发票和增值税电子普通发票。 （　　）

20.会计核算不健全，不能向税务机关准确提供增值税销项税额、进项税额、应纳税额数据及其他有关增值税税务资料的一般纳税人，不得领购开具增值税专用发票。 （　　）

四、实训题

1.甲公司（主营商品批发）是增值税一般纳税人，2017年1月发生以下销售业务：

（1）6日，销售给A公司啤酒500箱，每箱不含税售价为100元，货物已发出，并向对方开具了增值税专用发票。

（2）18日，销售给B公司2 000箱饼干，每箱饼干的不含税售价为50元，另外向B公司收取包装费585元，货物已发出，并向对方开具了增值税专用发票。

要求：请计算甲公司本月的销项税额。

2.甲企业是增值税一般纳税人，主要生产食品。2017年2月将试制的200盒新型蛋糕发放给本企业职工，每盒蛋糕的生产成本为65元，成本利润率为10%。

要求：

（1）假设同行业类似企业近期销售的同类蛋糕产品的不含税售价为每盒80元，请计算甲企业该业务的销项税额。

（2）假设该蛋糕无同类产品市场销售价格，请计算甲企业该业务的销项税额。

3.A企业是增值税一般纳税人，兼营货物销售和写字楼租赁两种业务，2017年3月发生以下业务：

（1）10日，销售给某公司电视机200台，每台不含税售价为3 000元，货物已发出，并向对方开具了增值税专用发票。

（2）31日，向客户收取了本月出租写字楼的租金共100 000元，并向对方开具了增值税专用发票。

要求：

（1）假设A企业能分别核算货物销售和写字楼租赁两种业务的销售额，请计算当月的销项税额。

（2）假设A企业未分别核算货物销售和写字楼租赁两种业务的销售额，请计算当月的销项税额。

4.乙企业是增值税一般纳税人，主要生产销售电暖器，不含增值税售价为360元/台。为促进销售，该企业决定，凡一次性购买600台以上的，给予20%的价格折扣。2017年5月，甲企业一次性销售800台电暖器给乙商场，并且在开出的增值税专用发票上分别注明了销售额和折扣额。

要求：请计算甲企业该业务的销项税额。

5.某家电商场是增值税一般纳税人，2017年5月份为了促销，决定采取"以旧换新"方式销售家用电器商品。当月销售新冰箱100台，回收旧冰箱100台。新冰箱的售价为3 000元/台，回收的旧冰箱每台作价500元，当月实际取得100台冰箱的销售收入共250 000元。

要求：请计算该商场"以旧换新"方式销售冰箱业务的销项税额。

6.某工业企业为增值税一般纳税人，2017年5月份发生以下经济业务：

（1）7日，购进A材料一批，取得的增值税专用发票上注明的价款为500 000元，增值税税率为17%。该批材料的运费由买方承担，取得的运输公司开具的增值税专用发票上注明的运费为20 000元，增值税税率为11%。

（2）9日，从某房地产开发商处购入办公用房一套，取得的增值税专用发票上注明的买价为600 000元，增值税税率为11%。

（3）12日，购入一台机器设备，取得的增值税专用发票上注明买价为80 000元，增值税税率为17%。

（4）16日，在某写字楼租入房屋两套并支付了租金，取得的增值税专用发票上注明的租金为90 000元，增值税税率为11%。

（5）19日，购入专利权一项，取得的增值税专用发票上注明的买价为60 000元，增值税税率为6%。

要求：请计算该企业当月可抵扣的进项税额。

7.丙公司是增值税一般纳税人，2017年3月购入办公楼一幢，取得的增值税专用发票上注明的买价为3 800 000元，增值税税率为11%。

要求：请计算丙公司2017年3月和2018年3月应抵扣的该办公楼的进项税额。

8.某商场是增值税一般纳税人，2017年3月份的有关业务如下：

（1）5日，销售300台空调给甲公司，不含税单价为3 600元，增值税税率为17%，该商场同时提供送货服务，另收取运费2 340元，向甲公司开具了增值税专用发票。

（2）12日，将新购进的200袋糖果发放给职工作为福利，每袋糖果的进货单价为80元，该糖果无同类产品市场销售价格，相关的成本利润率为10%，适用的增值税税率为17%。

（3）15日，购进西服960套，取得的增值税专用发票上注明的不含税单价为300元，增值税税率为17%。

（4）17日，发现购进的西服中有60套质量不合格，遂向对方提出退货，对方同意退货并开具了红字增值税专用发票。

（5）19日，租入仓库一座，取得的增值税专用发票上注明的不含税租金为80 000元，增值税税率为11%。

（6）21日，向某广告公司支付广告设计费，取得的增值税专用发票上注明的不含税广告费为50 000元，增值税税率为6%。

（7）23日，向农业生产者购进农产品一批准备用于销售，取得的农产品收购发票上注明的买价为30 000元。

（8）25日，从某批发企业（小规模纳税人）处购入牛奶500箱，取得的增值税普通发票上注明的不含税单价为50元。

要求：

（1）请计算该商场2017年3月的销项税额；

（2）请计算该商场2017年3月的可抵扣进项税额；

（3）请计算该商场2017年3月应缴纳的增值税税额。

9.某民办学校是增值税小规模纳税人，2017年2月份共收到培训费收入123 600元，向学员开具了增值税普通发票。

要求：请计算该学校2017年2月份应缴纳的增值税税额。

10.某公司从国外进口商品一批，关税完税价格为1 000万元，缴纳关税100万元和消费税275万元，适用的增值税税率为17%。

要求：请计算该公司进口商品应缴纳的增值税税额。

项目三

消费税

内容概要

1.在我国境内生产、委托加工和进口应税消费品的单位和个人，以及国务院确定的销售应税消费品的其他单位和个人，应申报缴纳消费税。

我国目前开征的消费税属于特种消费税，主要是为了调整产品结构，引导消费方向，保证国家财政收入。

在中华人民共和国境内生产、委托加工和进口消费税暂行条例规定的消费品的单位和个人，以及国务院确定的销售消费税暂行条例规定的消费品的其他单位和个人，为消费税的纳税人。金银首饰消费税的纳税人，是中华人民共和国境内从事商业零售金银首饰的单位和个人。卷烟批发环节消费税的纳税人，是在中华人民共和国境内从事卷烟批发业务的单位和个人。

2.消费税属于流转税制中的一个主要税种，一般采用单一环节征税。

3.消费税的计算采用从价定率、从量定额、从价定率和从量定额相结合的复合计税三种方法。

从价定率的计算公式为：

应纳税额=应税消费品的销售额×比例税率

从量定额的计算公式为：

应纳税额=应税消费品的销售数量×定额税率

从价定率和从量定额相结合的计算公式为：

应纳税额=应税消费品的销售额×比例税率+应税消费品的销售数量×定额税率

4.企业的消费税纳税义务发生后，应按法定纳税期限在规定的纳税地点进行纳税申报。

任务与目标

1.熟悉消费税的概念、特征；了解消费税的纳税地点和纳税期限。

2.掌握消费税的纳税人、征收范围、税目、税率和应纳税额的计算。

3.了解消费税的征收管理及申报缴纳等内容。

重点、难点

1.消费税的税目、税率及征税范围。

2.消费税应纳税额的计算。

3.应税消费品已纳税额的扣除。

知识归纳

1.消费税税目、税率、征税范围比较（见表3-1）。

表3-1 消费税税目、税率、征税范围比较

税目	税率	征税范围
一、烟 1.卷烟 （1）甲类卷烟（每标准条调拨价≥70元）； （2）乙类卷烟（每标准条调拨价<70元）； （3）批发环节。 2.雪茄烟 3.烟丝	56%加0.003元/支或150元/箱 36%加0.003元/支或150元/箱 11%加0.005/支 36% 30%	以烟叶为原料加工生产的产品，不论使用何种辅料
二、酒 1.白酒 2.黄酒 3.啤酒 （1）甲类啤酒〔每吨出厂价格在3 000元（含）以上〕； （2）乙类啤酒（每吨出厂价格在3 000元以下）。 4.其他酒	20%加0.5元/500克（或者500毫升） 240元/吨 250元/吨 220元/吨 10%	设白酒、黄酒、啤酒、其他酒四个子目。其他酒的征收范围包括糠麸白酒、其他原料白酒、土甜酒、复制酒、果木酒、汽酒、药酒等
三、高档化妆品	15%	各类高档美容、修饰类化妆品，高档护肤类化妆品和成套化妆品 舞台、戏剧、影视化妆用的上妆油、卸装油、油彩不属于本税目
四、贵重首饰及珠宝玉石 1.金银首饰、铂金首饰和钻石及钻石饰品 2.其他贵重首饰和珠宝玉石	5% 10%	各种金银珠宝首饰和经采掘、打磨、加工的各种珠宝玉石
五、鞭炮、焰火	15%	各种鞭炮、焰火 体育上用的发令纸，鞭炮药引线，不按本税目征收

税目	税率	征税范围
六、成品油		
1.汽油	1.52元/升	
2.柴油	1.20元/升	
3.航空煤油	1.20元/升	设汽油、柴油、航空煤油、石脑油、溶剂油、润滑油、燃料油七个子目
4.石脑油	1.52元/升	
5.溶剂油	1.52元/升	
6.润滑油	1.52元/升	
7.燃料油	1.20元/升	
七、摩托车		设气缸容量为250毫升的摩托车和气缸容量为250毫升（不含）以上的摩托车两个子目
1.气缸容量（排气量，下同）为250毫升的	3%	
2.气缸容量为250毫升（不含）以上的	10%	
八、小汽车		
1.乘用车		
（1）气缸容量在1.0升（含1.0升）以下的；	1%	
（2）气缸容量在1.0升至1.5升（含1.5升）的；	3%	含驾驶员座位在内最多不超过9个座位（含9座）的、在设计和技术特性上用于载运乘客和货物的各类乘用车与含驾驶员座位在内的座位数在10至23座（含23座）的、在设计和技术特性上用于载运乘客和货物的各类中轻型商用客车电动汽车、沙滩车、卡丁车、高尔夫车不属于本税目征收范围
（3）气缸容量在1.5升至2.0升（含2.0升）的；	5%	
（4）气缸容量在2.0升至2.5升（含2.5升）的；	9%	
（5）气缸容量在2.5升至3.0升（含3.0升）的；	12%	
（6）气缸容量在3.0升至4.0升（含4.0升）的；	25%	
（7）气缸容量在4.0升以上的。	40%	
2.中轻型商用客车	5%	
3.超豪华小汽车	10%	
九、高尔夫球及球具	10%	高尔夫球、高尔夫球杆、高尔夫球包（袋）；高尔夫球杆的杆头、杆身和握把
十、高档手表	20%	销售价格（不含增值税）每只在10 000元（含）以上的各类手表
十一、游艇	10%	艇身长度大于8米（含8米）小于90米（含90米），内置发动机，可以在水上移动，主要用于水上运动和休闲娱乐等非牟利活动的各类机动艇
十二、木制一次性筷子	5%	各种规格的木制一次性筷子；未经打磨、倒角的木制一次性筷子

续表

税目	税率	征税范围
十三、实木地板	5%	各类规格的实木地板、实木指接地板、实木复合地板及用于装饰墙壁、天棚的侧端面为榫、槽的实木装饰板；未经涂饰的素板
十四、电池	4%	原电池、蓄电池、燃料电池、太阳能电池和其他电池
十五、涂料	4%	对施工状态下挥发性有机物含量低于420克/升（含）的涂料免征消费税

2.消费税应纳税额的计算归纳对比（见表3-2）。

表3-2 消费税应纳税额的计算归纳对比

计税办法	计算公式
从价定率	应纳税额=应税消费品的销售额×比例税率 应税消费品的销售额=含增值税的销售额÷（1+增值税税率或者征收率）
从量定额	应纳税额=应税消费品的销售数量×定额税率
从价定率和从量定额相结合	应纳税额=应税消费品的销售额×比例税率+应税消费品的销售数量×定额税率
自产自用应税消费品	采用从价定率计税方法，以纳税人生产的同类消费品的销售价格为计税依据；无同类产品销售价格的。其计算公式为： 组成计税价格=成本+利润 应纳税额=组成计税价格×消费税税率 采用从价定率和从量定额相结合的复合计税方法，其计算公式为： 组成计税价格=（成本+利润+自产自用数量×定额税率）÷（1-比例税率） 应纳税额=组成计税价格×比例税率+自产自用数量×定额税率
委托加工应税消费品	采用从价定率计税方法，其计算公式为： 组成计税价格=（材料成本+加工费）÷（1-消费税税率） 应纳税额=组成计税价格×适用税率 采用从价定率和从量定额相结合的复合计税方法，其计算公式为： 组成计税价格=（材料成本+加工费+委托加工数量×定额税率）÷（1-比例税率） 应纳税额=组成计税价格×比例税率+委托加工数量×定额税率
进口应税消费品	采用从价定率计税方法，其计算公式为： 组成计税价格=（关税完税价格+关税）÷（1-消费税税率） 应纳税额=组成计税价格×适用税率 采用从价定率和从量定额相结合的复合计税方法，其计算公式为： 组成计税价格=（关税完税价格+关税+进口数量×定额税率）÷（1-比例税率） 应纳税额=组成计税价格×比例税率+进口数量×定额税率
零售金银首饰	金银首饰销售额=含增值税的销售额÷（1+增值税税率或征收率） 金银首饰应纳消费税税额=销售额×消费税税率

目标检测与实训

一、单项选择题

1.消费税是选择部分消费品列举品目征收的，目前，我国的消费税共列举（　　）个税目。

A.15　　　　　　　　B.11　　　　　　　　C.9　　　　　　　　D.14

2.消费税纳税义务人规定中的"中华人民共和国境内"，是指生产、委托加工和进口属于应当征收消费税的消费品的（　　）在境内。

A.生产地　　　　　B.使用地　　　　　C.起运地或所在地　　D.户口所在地

3.下列纳税人不属于消费税暂行条例所称单位的是（　　）。

A.企业

B.行政单位、事业单位、军事单位

C.个体工商户

D.社会团体及其他单位

4.消费税纳税人中的个人包括（　　）。

A.个体工商户及其他个人

B.个人独资企业

C.个人合伙企业

D.一人有限责任公司

5.下列消费品中应征消费税的是（　　）。

A.高档服装　　　B.摩托车　　　C.空调　　　　D.电视机

6.下列项目中，属于消费税"高档化妆品"税目征收范围的是（　　）。

A.演员用的油彩

B.演员用的卸妆油

C.演员化妆用的上妆油

D.演员化妆用的眉笔

7.高档手表是指每只不含增值税价格在（　　）以上的各类手表。

A.10 000元（含）　B.6 000元（含）　C.5 000元（含）　D.3 000元（含）

8.下列关于消费税税目的陈述，正确的是（　　）。

A.凡是以烟叶为原料加工生产的产品，不论使用何种辅料，均属于烟的征收范围

B.酒类产品包含粮食白酒、薯类白酒、黄酒、啤酒、果啤和酒精

C.烟的范围包括卷烟、雪茄烟，不含烟丝，烟丝另列税目

D.高尔夫球及球具是包括高尔夫球、高尔夫球车、高尔夫球杆及高尔夫球包（袋）等。

9.消费税计征的主要环节是（　　）。

A.流通　　　　B.消费　　　　C.生产或进口　　　D.出口

10.根据消费税的有关规定，下列行为中应缴纳消费税的是（　　）。

A.生产并销售卷烟　B.进口服装　　C.零售高档化妆品　D.零售白酒

11.根据消费税暂行条例规定，纳税人自产的用于下列用途的应税消费品，不需要缴纳消费税的是（　　）。

A.用于对外赞助

B.用于职工福利

C.用于广告

D.用于连续生产应税消费品

12.下列单位中，属于消费税纳税人的是（　　）。

A.进口金银首饰的单位　　　　　　　　B.从事白酒批发的单位

C.委托加工烟丝的单位　　　　　　　　D.受托加工烟丝的单位

13.下列各项中，应同时征收增值税和消费税的是（　　　）。

A.批发的白酒　　　　　　　　　　　　B.零售销售的金银首饰

C.生产环节销售的家电　　　　　　　　D.进口的金银首饰

14.甲烟草公司提供烟叶委托乙公司加工一批烟丝。甲公司将已收回烟丝中的一部分用于生产卷烟，另一部分烟丝卖给丙公司。在这项委托加工烟丝业务中，消费税的纳税义务人是（　　　）。

A.甲公司　　　　　B.乙公司　　　　　C.丙公司　　　　　D.甲公司和丙公司

15.根据税法规定，下列说法错误的是（　　　）。

A.凡是征收消费税的消费品都征收增值税

B.凡是征收增值税的货物都征收消费税

C.应税消费品征收增值税时，其税基包含消费税

D.应税消费品征收消费税时，其税基不含增值税

16.根据有关规定，鞭炮、烟火的消费税税率是（　　　）。

A.17%　　　　　　B.10%　　　　　　C.15%　　　　　　D.25%

17.应税消费品的全国平均利润率的确定部门是（　　　）。

A.国家税务总局　　　　　　　　　　　B.国务院财政部

C.海关　　　　　　　　　　　　　　　D.省人民政府所属税务机关

18.下列可以抵扣外购应税消费品的已纳税额的项目是（　　　）。

A.领用外购已税白酒勾兑白酒　　　　　B.为零售金银首饰而出库的金银首饰

C.领用外购已税烟丝生产的卷烟　　　　D.为生产化妆品而领用的酒精

19.以下应税消费品中，适用复合计税的是（　　　）。

A.粮食白酒　　　　B.其他酒　　　　　C.黄酒　　　　　　D.啤酒

20.以下不征收消费税的项目是（　　　）。

A.高尔夫球　　　　B.高尔夫球杆　　　C.高尔夫球包　　　D.高尔夫球球服

21.下列应税消费品中，不适用定额税率的是（　　　）。

A.粮食白酒　　　　B.啤酒　　　　　　C.黄酒　　　　　　D.其他酒

22.下列免征消费税的货物是（　　　）。

A.出口啤酒　　　　B.高档手表　　　　C.石脑油　　　　　D.白酒

23.确定消费税的应税销售额时，不能计入销售额的项目是（　　　）。

A.消费税　　　　　B.价外收取的基金　　C.增值税　　　　　D.包装费

24.纳税人将自产的应税消费品用于生产非应税消费品的，应在移送时纳税，如果无同类消费品的销售价格，应按照组成计税价格计算纳税，计算公式为（　　　）。

A.组成计税价格=（成本+利润）÷（1-消费税税率）

B.组成计税价格=（成本+利润）÷（1+消费税税率）

C.组成计税价格=成本+利润

D.组成计税价格=成本+费用

25.根据消费税的有关规定，下列纳税人自产自用应税消费品不缴纳消费税的是（　　）。

A.炼油厂用于本企业基建部门车辆的自产汽油

B.汽车厂用于管理部门的自产汽车

C.日化厂用于交易会样品的自产高档化妆品

D.卷烟厂用于生产卷烟的自制烟丝

26.下列关于委托加工应税消费品说法正确的是（　　）。

A.委托方缴纳消费税，受托方缴纳增值税

B.委托方不缴税，受托方缴纳消费税和增值税

C.受托方代收代缴委托方的消费税，受托方缴纳增值税

D.委托方不缴税，受托方缴纳消费税

27.某消费税纳税义务人兼营不同税率的应税消费品，未分别核算销售额，经税务机关检查，正确的处理方法是（　　）。

A.由当地税务机关决定

B.从高适用税率计算纳税

C.按平均税率计算纳税

D.按不同税率货物销售比分别确定适用税率，计算纳税

28.根据消费税有关规定，下列说法正确的是（　　）。

A.委托加工的应税消费品，在计算组成计税价格时，加工费应包括受托方代垫辅助材料的实际成本

B.委托其他企业加工应税消费品，委托方是消费税的纳税人，由委托方在其机构所在地缴纳消费税

C.用委托加工收回的应税消费品连续生产应税消费品都准予从应纳消费税税额中扣除委托加工环节已纳消费税

D.委托加工应税消费品，委托方未提供材料的，委托方所在地主管税务机关有权核定其材料成本

29.纳税人采取托收承付方式和委托银行收款方式销售应税消费品的，纳税义务发生的时间为（　　）。

A.发出商品当天   B.收到货款当天

C.合同约定时间   D.发出应税消费品并办妥托收手续当天

30.下列各项中，符合消费税纳税义务发生时间规定的是（　　）。

A.进口的应税消费品，为取得进口货物的当天

B.自产自用的应税消费品，为移送使用的当天

C.委托加工的应税消费品，为支付加工费的当天

D.采取预收货款结算方式的应税消费品，为收到预收款的当天

31.消费税纳税人的具体纳税期限由主管税务机关根据（　　）核定。

A.与税务机关距离的远近   B.应纳税额的大小

C.纳税人的申请   D.税务机关的要求

32.下列消费税的纳税地点表述错误的是（   ）。

A.纳税人销售的应税消费品和自产自用的应税消费品，一般应当向纳税人核算地的税务机关申报缴纳消费税

B.纳税人到外县（市）销售或者委托外县（市）代销自产应税消费品应当在应税消费品销售以后，回纳税人核算地或者所在地缴纳消费税

C.纳税人的总机构与分支机构不在同一县（市）的，应当分别向各自机构所在地的主管税务机关申报缴纳消费税

D.委托加工的应税消费品，一般由委托方向所在地的税务机关解缴消费税税款

33.纳税人进口应税消费品，应于（   ）缴纳税款。

A.海关填发税款缴纳书次日起15日内　　B.海关填发税款缴纳书之日起15日内

C.次月起7日内　　　　　　　　　　　　D.次月起10日内

34.关于消费税纳税地点的说法，符合现行政策规定的是（   ）。

A.纳税人销售应税消费品向机构所在地或居住地的主管税务机关纳税

B.纳税人销售应税消费品向核算地的主管税务机关纳税

C.纳税人销售应税消费品向销售地的主管税务机关纳税

D.纳税人销售应税消费品向生产地的主管税务机关纳税

35.关于消费税纳税期限和申报纳税期限的规定，下列说法错误的是（   ）。

A.消费税的纳税期限分别为1日、3日、5日、10日、15日、1个月或者1个季度

B.纳税人的具体纳税期限，由主管税务机关根据纳税人应纳税额的大小分别核定；不能按照固定期限纳税的，可以按次纳税

C.纳税人以1个月或者1个季度为1个纳税期的，自期满之日起10日内申报纳税

D.以1日、3日、5日、10日或者15日为1个纳税期的，自期满之日起5日内预缴税款，于次月1日起15日内申报纳税并结清上月应纳税款

二、多项选择题

1.根据消费税现行规定，下列表述正确的有（   ）。

A.消费税税收负担具有转嫁性

B.消费税的税率呈现单一税率形式

C.消费品生产企业没有对外销售的应税消费品均不征消费税

D.消费税税目列举的消费品都属消费税的征税范围

2.根据我国现行的消费税制度，下列说法正确的有（   ）。

A.消费税是价内税　　　　　　　　　B.消费税是选择部分生活消费品课税

C.消费税对同一消费品只能课征一次　D.消费税实行的是差别比例税率

3.下列各项，属于消费税征收范围的有（   ）。

A.啤酒　　　　　B.彩电　　　　　C.小汽车　　　　　D.涂料

4.委托加工应税消费品的特点是（   ）。

A.委托方提供原料或主要材料

B.委托方支付加工费，受托方提供原料或主要材料

C.委托方支付加工费，受托方购买原料或主要材料再卖给委托方进行加工

D.委托方支付加工费，受托方代垫部分辅助材料并收取加工费

5.根据现行税法，下列消费品的生产经营环节，既征收增值税又征收消费税的有（　　）。

A.卷烟的批发环节　　　　　　　　　　B.酒类产品的批发环节

C.珍珠饰品的零售环节　　　　　　　　D.高档手表的生产环节

6.按现行税法规定，下列货物中应缴纳消费税的有（　　）。

A.高尔夫球制造厂家赞助高尔夫球赛用球

B.酒厂以福利形式发给职工的果酒

C.将自制实木地板用于装修工程

D.委托方将收回的电池，以不高于受托方的计税价格直接出售

7.我国消费税分别采用的计征方法有（　　）。

A.从价定率　　　　　　　　　　　　　B.从量定额

C.从价定额　　　　　　　　　　　　　D.从量定额和从价定率相结合

8.计征消费税的销售额应包括的内容有（　　）。

A.补贴　　　　　　B.优质费　　　　　　C.返还利润　　　　　D.包装费

9.实行从量定额与从价定率相结合征税办法的消费品有（　　）。

A.卷烟　　　　　　B.啤酒　　　　　　C.粮食白酒　　　　　D.薯类白酒

10.下列各项中，应征收消费税的有（　　）。

A.用于本企业连续生产的应税消费品

B.用于奖励代理商销售业绩的应税消费品

C.用于本企业生产性基建工程的应税消费品

D.用于捐助国家指定的慈善机构的应税消费品

11.下列各项中，符合应税消费品销售数量规定的有（　　）。

A.生产销售应税消费品的，为应税消费品的销售数量

B.自产自用应税消费品的，为应税消费品的生产数量

C.委托加工应税消费品的，为纳税人收回的应税消费品数量

D.进口应税消费品的，为海关核定的应税消费品进口征税数量

12.下列货物中应征消费税的有（　　）。

A.商店销售自制啤酒　　　　　　　　　B.商店销售外购啤酒

C.商店销售金银首饰　　　　　　　　　D.商店销售卷烟

13.下列应税消费品中，仅采用定额税率征收消费税的有（　　）。

A.汽油　　　　　　B.柴油　　　　　　C.卷烟　　　　　　　D.啤酒

14.下列行为，应作为视同销售缴纳消费税的有（　　）。

A.自制的高档化妆品用于换取生产资料

B.委托加工收回的高档化妆品继续加工成高档化妆品

C.自制的小汽车用于对外单位投资

D.委托加工收回的珠宝玉石直接销售

15.根据现行消费税政策，下列经济业务应缴纳消费税的有（　　）。

A.汽车厂赞助比赛用雪地车

B.国内代理商销售进口环节已纳消费税的游艇

C.日化品厂无偿发高档化妆品试用

D.金银饰品商店销售白金饰品

16.下面准予扣除外购消费品已缴纳消费税的情况是（　　　）。

A.外购已税烟丝生产的卷烟

B.外购已税珠宝玉石生产的贵重首饰及珠宝玉石

C.外购已税实木地板为原料生产的实木地板

D.外购已税鞭炮焰火生产的鞭炮焰火

17.下列行为中，既缴纳增值税又缴纳消费税的有（　　　）。

A.酒厂将自产的白酒赠送给协作单位

B.地板厂将生产的新型实木地板奖励给有突出贡献的职工

C.日化厂将自产的香水精移送用于生产高档化妆品

D.汽车厂将自产的应税小汽车赞助给某艺术节组委会

18.关于消费税纳税义务发生时间的说法，正确的有（　　　）。

A.某酒厂销售葡萄酒20箱并收取价款4 800元，其纳税义务发生时间为收款的当天

B.某汽车厂自产自用3台小汽车，其纳税义务发生时间为移送使用的当天

C.某烟花企业采用托收承付结算方式销售焰火，其纳税义务发生时间为发出焰火并办妥托收手续的当天

D.某化妆品厂采用赊销方式销售高档化妆品，合同约定收款日期为6月30日，实际收到货款日期为7月30日，纳税义务发生时间为6月30日

19.某化妆品生产企业总部设在青岛，生产基地设在枣庄，则下列关于消费税纳税地点的说法正确的有（　　　）。

A.在青岛纳税

B.在枣庄纳税

C.经国家税务总局批准在青岛纳税

D.经由青岛、枣庄国税局协商决定在哪里纳税

20.下列各项中，有关消费税的纳税地点正确的有（　　　）。

A.纳税人进口应税消费品的在报关地海关申报纳税

B.纳税人自产自用应税消费品在纳税人核算地缴纳消费税

C.纳税人的总分支机构不在同一县（市）的，应在总机构所在地缴纳消费税

D.纳税人到外县销售自产应税消费品应回核算地或所在地缴纳消费税

三、判断题

1.生产、委托加工和进口属于应当征收消费税的消费品，其目的地和所在地在中华人民共和国境内的，应当缴纳消费税。　　　　　　　　　　　　　　　　（　　　）

2.凡是在中国境内销售、进口和委托加工应税消费品的单位和个人，均是消费税的纳税人。　　　　　　　　　　　　　　　　　　　　　　　　　　　　（　　　）

3.非标准条包装卷烟应当折算成标准条包装卷烟的数量，依其实际销售收入计算确定

其折算成标准条包装后的实际销售价格，并确定适用的比例税率。 （　　）

4.高尔夫球杆、高尔夫球、高尔夫杆头属于消费税的应税范围，高尔夫球袋也属于消费税的该税目。 （　　）

5.对应税消费品征收消费税后，不再征收增值税。 （　　）

6.纳税人将不同税率的应税消费品组成成套消费品销售的，如果分别核算不同税率应税消费品的销售额、销售数量的，应按不同税率分别计算不同消费品应纳的消费税。
（　　）

7.消费税的纳税环节包括生产环节、零售环节、进口环节和移送环节。 （　　）

8.受托加工应税消费品的个体工商户承担代收代缴消费税的义务。 （　　）

9.高档化妆品在生产、批发、零售环节均要缴纳增值税和消费税。 （　　）

10.当货物为应税消费品时，在其流转的各环节征收增值税的同时也应对其征收消费税。 （　　）

11.企业受托加工应税消费品代收代缴的消费税，在采用组成计税价格计税时，组成计税价格的构成应当是材料成本与加工费之和。 （　　）

12.消费税的销售额为纳税人销售应税消费品向购买方收取的全部价款和价外费用。
（　　）

13.在现行消费税的征税范围中，除卷烟、粮食白酒、薯类白酒之外，其他一律不得采用从价定率和从量定额相结合的复合计税办法。 （　　）

14.甲类卷烟，即每标准条（200支，下同）调拨价格在70元（不含增值税）以上（含70元）的卷烟；乙类卷烟，即每标准条调拨价格在70元（不含增值税）以下的卷烟。
（　　）

15.进口应税消费品，计算进口消费税的组成计税价格，也就是计算进口增值税的组成计税价格。 （　　）

16.一般来说，应税消费品计征消费税和增值税的计税依据相同，即均以不含消费税的价格为计税依据。 （　　）

17.电动汽车属于消费税的征收范围。 （　　）

18.纳税人兼营不同税率应税消费品的，一律从高适用税率。 （　　）

19.某卷烟厂用委托加工收回的已税烟丝为原料连续生产烟丝，在计算纳税时，准予从应纳消费税税额中扣除委托加工收回的烟丝已纳消费税税款。

20.纳税人销售的应税消费品，以人民币计算销售额。纳税人以人民币以外的货币结算销售额的，应当折合成人民币计算。

21.消费税实行复合计税办法计算的组成计税价格计算公式：组成计税价格=（成本+利润+自产自用数量×定额税率）÷（1-比例税率）。 （　　）

22."纳税人兼营不同税率的应当缴纳消费税的消费品"，是指纳税人生产销售两种税率以上的应税消费品。

23.纳税人销售应税消费品采用赊销、分期收款、托收承付和委托银行收款结算方式的，其消费税的纳税义务发生时间和增值税相同。

24.自产应税消费品用于连续生产非应税消费品，只征消费税，不征收增值税和企

业所得税。 （　　）

25.纳税人通过自设非独立核算门市部销售的自产应税消费品，应当按照门市部对外销售额或者销售数量征收消费税。 （　　）

26.以委托加工收回的已税酒为原料生产的酒准予从应纳消费税税额中扣除原料已纳消费税税款。 （　　）

27.消费税由税务机关征收，进口的应税消费品的消费税由海关代征。 （　　）

28.纳税人销售的应税消费品，以及自产自用的应税消费品，一律向纳税人机构所在地或者居住地的主管税务机关申报纳税。 （　　）

29.纳税人到外县（市）销售自产应税消费品，应于销售实现后，回纳税人核算地或机构所在地缴纳消费税，而不是在销售地缴纳消费税。 （　　）

30.进口的应税消费品，既可以向报关地海关申报缴纳消费税，也可以向纳税人机构所在地税务机关申报缴纳消费税。 （　　）

四、实训题

1.某日用化工企业既生产化妆品又生产护发品，为了扩大销路，该企业将高档化妆品和护发品组成礼品盒销售，当月直接销售高档化妆品取得收入15万元，直接销售护发品取得收入9万元，销售高档化妆品和护发品的组合礼品盒取得收入22万元，上述收入均不含增值税。

要求：请计算该企业当月应纳的消费税税额。

2.某啤酒厂生产销售甲、乙两类啤酒，甲类啤酒每吨不含增值税价格3 200元，乙类啤酒每吨不含增值税价格2 600元。当月该啤酒厂销售甲类啤酒260吨、乙类啤酒340吨。

要求：请计算当月该酒厂应纳消费税税额。

3.某摩托车厂本月生产销售摩托车200辆，开具的增值税专用发票上注明的价款为40万元；特制摩托车5辆作为赞助省运动会奖品，每辆成本价0.27万元。

要求：请计算本月应缴纳的消费税税额。（成本利润率为6%，消费税税率为10%）

4.2017年1月，某酒厂将自产的一种新型薯类白酒5吨用于赠送客户，薯类白酒的成本共计20 000元，该薯类白酒无同类产品市场销售价格，已知其成本利润率为10%。

要求：请计算该批薯类白酒应缴纳的消费税税额。

5.甲企业委托乙企业加工实木地板800平方米（消费税税率5%），发出原材料的实际成本共50 000元，每平方米的加工费为16元，每平方米代垫辅料2.25元，乙企业无同类产品的销售价格。

要求：请计算乙企业应代收代缴的消费税税额。

6.某地板公司生产各种实木地板，2017年3月，领用上月外购的地板继续加工成豪华实木地板，销售给某外贸企业500箱，开具的增值税专用发票上注明的销售额为400万元；已知上月外购实木地板500箱，取得增值税专用发票注明价款300万元，本月生产领用80%。

要求：请计算该地板公司应缴纳的消费税税额。（实木地板的消费税税率5%）

7.某烟酒批发公司，2017年1月批发A牌卷烟5 000条，开具的增值税专用发票上注明销售额250万元；批发B牌卷烟2 000条，开具的普通发票上注明销售额88.92万元；同时零售B牌卷烟300条，开具普通发票，取得含税收入20.358万元；当月允许抵扣的进项税额为35.598万元。

要求：请计算该烟酒批发公司当月应缴纳的增值税税额和消费税税额。

8.甲企业为高尔夫球及球具生产厂家，是增值税一般纳税人。2017年6月发生以下业务：

（1）购进一批原材料A，取得增值税专用发票上注明的价款为10万元、增值税税款为1.7万元，委托乙企业将其加工成100个高尔夫球包，支付加工费2.6万元、增值税税款0.442万元，取得乙企业开具的增值税专用发票；乙企业无同类产品销售价格。甲企业收回时，乙企业代收代缴了消费税。

（2）甲企业将委托加工收回的球包80个对外销售，取得不含税销售收入28万元；剩余20个用于抵偿上期欠丙企业的货款，甲企业该类球包最近时期平均价格为0.28万元/个（不含税），最高销售价格为0.40万元/个（不含税）。

（3）从生产企业购进高尔夫球杆头，取得增值税专用发票，注明货款20万元、增值税3.4万元；购进高尔夫球握把，取得增值税专用发票，注明货款11万元、增值税1.87万元；购进高尔夫球杆身，取得增值税专用发票，注明货款8万元、增值税1.36万元。当月领用外购的杆头、握把、杆身各90%，加工成高尔夫球杆60把。

（4）当月将自产的高尔夫球杆40把对外销售，取得不含税销售收入80万元；另将自产的高尔夫球杆10把赞助给高尔夫球大赛；剩余10把月末留存。

其他相关资料：高尔夫球及球具消费税税率为10%，成本利润率为10%。上述相关发票当期均经过认证。

要求根据上述资料，请计算：

（1）乙企业应代收代缴的消费税。
（2）甲企业销售高尔夫球包应缴纳的消费税。
（3）甲企业销售高尔夫球杆应缴纳的消费税。
（4）甲企业当月应缴纳的增值税。

项目四

关　税

内容概要

1.关税是指国家授权海关对进出国境或关境的货物和物品征收的一种税。具体地说，关税是指由海关代表国家，按照《中华人民共和国海关法》等法律、法规，对国家准许进出口的货物、进出境的物品征收的一种税。关税的征收主体是国家，国家将征收关税的权利授予给海关，其他任何单位和个人均不得行使征收关税的权利。

世界各国都以征收进口关税作为限制外国货物进口的一种手段，适当地使用进口关税可以保护本国工农业生产，也可以作为一种经济杠杆调节本国的生产和经济的发展。

2.关税的征税基础是关税完税价格。进口货物以海关审定的成交价值为基础的到岸价格为关税完税价格；出口货物以该货物销售给境外的离岸价格减去出口税后，经过海关审查确定的价格为完税价格。

企业的关税纳税义务发生后，应按法定纳税期限在规定的纳税地点进行纳税申报。

任务与目标

1.认识关税，了解关税的概念和特征。

2.掌握关税的纳税人、征税对象、税率、计税依据和应纳税额的计算方法。

3.熟悉关税的减免税规定、征收管理和申报缴纳等。

重点、难点

1.关税的税率及其确定。

2.关税完税价格的确定。

3.关税应纳税额的计算。

知识归纳

1.关税的纳税义务人（见表4-1）。

表 4-1 关税的纳税义务人

情形	纳税义务人	情形	纳税义务人
进口货物	收货人	分离运输的行李	进出境旅客
出口货物	发货人	邮递进境的物品	收件人
进出境物品	所有人	邮递或其他运输方式出境的物品	寄件人或托运人
携带进境的物品	携带人		

2.我国的进口关税税率。

（1）进口税率：最惠国税率、协定税率、特惠税率、普通税率、关税配额税率等。

注意：

①适用最惠国税率的货物有暂定税率——适用暂定税率。

②适用协定税率、特惠税率的货物有暂定税率——适用最低税率。

③适用普通税率的货物——不适用暂定税率。

④配额管理的进口货物——配额内适用配额税率，之外的按其适用税率的规定执行。

（2）出口税率。适用出口税率的出口货物有暂定税率的，应当适用暂定税率。

3.一些特殊事项的税率运用。

（1）进出口货物——申报进出口之日税率。

（2）货物到达前先行申报的——运输工具申报进境之日税率。

（3）进出口货物补退税——原申报之日税率。特殊情况除外。

4.关税完税价格。

（1）$\text{进口货物的完税价格} = \text{货物的货价} + \text{货物运抵我国境内输入地点起卸前的运输及其相关费用} + \text{保险费}$

进口货物的下列费用应当计入完税价格：

①由买方负担的购货佣金以外的佣金和经纪费。

②由买方负担的在审查确定完税价格时与该货物视为一体的容器的费用。

③由买方负担的包装材料费用和包装劳务费用。

④与该货物的生产和向中华人民共和国境内销售有关的，由买方以免费或者以低于成本的方式提供并可以按适当比例分摊的料件、工具、模具、消耗材料及类似货物的价款，以及在境外开发、设计等相关服务的费用。

⑤作为该货物向中华人民共和国境内销售的条件，买方必须支付的、与该货物有关的特许权使用费。

⑥卖方直接或者间接从买方获得的该货物进口后转售、处置或者使用的收益。

进口时在货物的价款中列明的下列税收、费用，不计入该货物的完税价格：

①厂房、机械、设备等货物进口后进行建设、安装、装配、维修和技术服务的费用。

②进口货物运抵境内输入地点起卸后的运输及其相关费用、保险费。

③进口关税及国内税收。

（2）$\text{出口货物的完税价格} = \text{海关审定的成交价格} + \text{货物运至我国境内输出地点装载前的运输及其相关费用} + \text{保险费} - \text{关税}$

5.应纳税额的计算（见表4-2）。

表4-2　　　　　　　　　　　　　　应纳税额的计算

货物类别	计征办法	计算公式
进口货物	从价税	关税税额=应税进口货物数量×单位完税价格×税率
	从量税	关税税额=应税进口货物数量×单位货物税额
	复合税	关税税额=应税进口货物数量×单位货物税额+应税进口货物数量×单位完税价格×税率
	滑准税	关税税额=应税进口货物数量×单位完税价格×滑准税税率
出口货物		关税税额=应税出口货物数量×单位完税价格×税率

目标检测与实训

一、单项选择题

1.下列关于关税特征的说法，正确的是（　　　）。

A.在境内和境外流通的货物，应纳关税

B.关税是多环节价内税

C.纳税上的统一性和一次性

D.关税不仅对进出境的货物征税，还对进出境的劳务征税

2.各国关税的主要形式是（　　　）。

A.进口关税　　　　　B.出口关税　　　　　C.过境关税　　　　　D.财政关税

3.下列不属于关税征税对象的是（　　　）。

A.从国外进口的设备　　　　　　　　B.入境旅客随身携带的行李物品

C.企业出口的设备　　　　　　　　　D.国家禁止出口的物品

4.适用原产于与我国签订含有关税优惠条款的区域性贸易协定的国家或地区的进口货物的税率是（　　　）。

A.最惠国税率　　　　B.特惠税率　　　　　C.关税配额税率　　　D.协定税率

5.下列各项中，符合关税法有关规定的是（　　　）。

A.进口货物由于完税价格审定需要补税的，一律按照原进口之日的税率计税

B.溢卸进口货物事后确定需要征税的，按照确定征税当天实施的税率计税

C.暂时进口货物转为正式进口需要补税的，按照原报关进口之日的税率计税

D.进口货物由于税则归类改变需要补税的，按照原征税日期实施的税率计税

6.下列有关关税税率的运用的说法中，不符合我国关税条例的是（　　　）。

A.对由于税则归类的改变、完税价格的审定或其他工作差错而需补税的，应按原征税日期实施的税率征税

B.批准缓税进口的货物以后交税时，按货物原进口之日的税率征税

C.查获走私进口的货物需补税时，按原进口之日实施的税率征税

D.暂时进口货物转为正式进口需补税时，应按其申报正式进口之日实施的税率征税

7.根据《海关法》的规定，进出口货物的完税价格，由海关以进出口货物的（　　　）为基础审定完税价格。

A.到岸价格　　　　B.申报价格　　　　C.实际成交价格　　　　D.离岸价格

8.关税的计税依据是（　　　）。

A.货物采购地的批发价　　　　　　　B.完税价格

C.货物采购地的零售价格　　　　　　D.货物的成本价加上利润

9.进口货物完税价格是指货物的（　　　）。

A.以成交价格为基础的完税价格　　　　　B.以到岸价格为基础的完税价格

C.组成计税价格　　　　　　　　　　　　D.实际支付金额

10.下列项目中，不计入关税的进口完税价格的是（　　　）。

A.货物价款

B.由买方负担的包装材料和包装劳务费

C.进口关税、其他国内税

D.买方为购买进口货物向代表买卖双方利益的经纪人支付的劳务费用

11.下列项目中，属于进口完税价格组成部分的是（　　　）。

A.进口人向境外自己的采购代理人支付的劳务费

B.进口人向中介机构支付的经纪费

C.设备进口后的安装调试费用

D.进口关税

12.下列能够与货物实付价格区分且未包含在进口货物价格中的项目，应计入关税完税价格的是（　　　）。

A.进口人向自己的境外采购代理人支付的购货佣金

B.进口人为进口货物向中介机构支付的经纪费

C.进口设备报关后的安装调试费用

D.货物运抵境内输入地点起卸后的运输费用

13.以租赁方式进口的货物中，以租金方式对外支付的租赁货物，在租赁期间作为完税价格的是（　　　）。

A.以海关审定的租金　　　　　　　　B.以海关审定的留购价格

C.按照一般进口货物估定完税价格　　D.货物成交价格

14.境内一单位将一批货物运往境外加工，出境时向海关报明价值为1 000万元；支付境外加工费600万元，料件费500万元；支付复运进境的运输费500万元和保险费100万元。该货物适用的关税税率为10%，则该单位应缴纳的进口关税为（　　　）。

A.170万元　　　　B.110万元　　　　C.250万元　　　　D.390万元

15.下列关于出口货物完税价格的陈述，不正确的是（　　　）。

A.出口货物的完税价格由海关以该货物的成交价格为基础审查确定

B.应当包括货物运至中华人民共和国境内输出地点装载前的运输及其相关费用、保险费

C.出口关税计入完税价格

D.在货物价款中单独列明由卖方承担的佣金，不计入完税价格中

16.根据现行关税政策的规定，下列进口货物中享受法定减免税的是（　　　）。

A.外商投资企业为投资项目而进口的设备

B.边境小额贸易进口的货物

C.保税区运往境外的货物

D.国际组织无偿赠送进口的物资

17.下列各项中，符合关税法定免税规定的是（　　　）。

A.保税区进出口的基建物资和生产用车辆

B.边境贸易进出口的基建物资和生产用车辆

C.关税税款在人民币50元以下的一票货物

D.残疾人专用品

18.关税纳税义务人因不可抗力或者在国家税收政策调整的情形下，不能按期缴纳关税税款的，经海关总署批准，可以延期缴纳税款，但最长不得超过（　　　）。

A.30日　　　　　　　　B.3个月　　　　　　　　C.6个月　　　　　　　　D.1年

19.纳税义务人或他们的代理人应在海关填发税款缴款书之日起（　　　）内，向指定银行缴纳税款。

A.15日　　　　　　　　B.30日　　　　　　　　C.7日　　　　　　　　D.10日

20.进出口货物完税后，如果发生少征或漏征税款，并不是纳税人违反海关法造成的，海关应当自缴纳税款或放行之日起（　　　）内，向发货人补征。

A.半年　　　　　　　　B.1年　　　　　　　　C.2年　　　　　　　　D.3年

二、多项选择题

1.关税除了具有一般税收的特征外，还具有以下特征（　　　）。

A.纳税上的统一性和一次性　　　　　　　B.征收上的过"关"性

C.税率上的复式性　　　　　　　　　　　D.对进出口贸易的调节性

2.我国进口关税税率设置有（　　　）。

A.最惠国税率　　　　B.特惠税率　　　　C.普遍税率　　　　D.协定税率

3.下列各项中，属于关税征税对象的是（　　　）。

A.贸易性商品　　　　　　　　　　　　　B.个人邮寄物品

C.入境旅客随身携带的高级化妆品　　　　D.获赠的进入国境的个人使用的小汽车

4.根据规定，下列各项中，属于关税纳税人的有（　　　）。

A.进口货物收货人　　　　　　　　　　　B.出口货物发货人

C.携带物品进境的入境人员　　　　　　　D.进口货物的代理人

5.进境物品的纳税义务人包括（　　　）。

A.携带物品进境的入境人员　　　　　　　B.进境邮递物品的收件人

C.以其他方式进口物品的收件人　　　　　D.进境物品的邮寄人

6.关于关税的税率，以下说法正确的有（　　　）。

A. 属于减免税的进口货物，后因改变用途需予补税的，适用该进口货物原申报进口之日所实施的税率

B. 加工贸易进口料、件等属于保税性质的进口货物，如未经批准擅自转为内销的，则按海关查获日期所施行的税率征税

C. 暂时进口货物转为正式进口需予补税时，应按其申报正式进口之日实施的税率征税

D. 分期支付租金的租赁进口货物，分期付税时适用海关接受纳税人再次填写报关单申报办理纳税及有关手续之日实施的税率征税

7. 下列项目中，如能与该货物实付价格区分，不得列入进口关税完税价格的有（　　）。

A. 进口关税及其他国内税收

B. 货物运抵境内输入地点之后的运输费用

C. 买方为购进货物向代表双方利益的经纪人支付的劳务费

D. 机械设备类货物进口后发生的基建、安装、调试、技术指导费用

8. 下列各项中，不符合关税对特殊进口货物完税价格规定的有（　　）。

A. 运往境外修理的机械，应当以海关审定的境外修理费和料件费，以及该货物复运进境的运输及其相关费用、保险费估定完税价格

B. 租赁方式进口的货物中，以租金方式对外支付的租赁货物，按一般进口货物估价办法的规定，估定完税价格

C. 暂时进境的货物，应当按照一般进口货物估价办法的规定，估定完税价格

D. 赠送等其他方式进口的货物，应当按照一般进口货物估价办法的规定，估定完税价格

9. 下列属于进口关税计征方法的有（　　）。

A. 从价税　　　　B. 从量税　　　　C. 复合税　　　　D. 滑准税

10. 下列各项中，符合关税减免规定的有（　　）。

A. 因故退还的国内出口货物，经海关审查属实，可予免征进口关税，已征收的出口关税准予退还

B. 因故退还的国内出口货物，经海关审查属实，可予免征进口关税，但已征收的出口关税不予退还

C. 因故退还的境外进口货物，经海关审查属实，可予免征出口关税，已征收的进口关税准予退还

D. 因故退还的境外进口货物，经海关审查属实，可予免征出口关税，但已征收的进口关税不予退还

三、判断题

1. 存在自由港的国家，通常国境大于关境。（　　）

2. 关税的征税对象是进出我国国境或关境的货物和物品。（　　）

3. 非贸易性物品的纳税人是其收发货人或他们的代理人，贸易性商品的纳税人是货物的所有人。（　　）

4. 海关在征收增值税、消费税时，其计税依据包括关税在内。（　　）

5.关税是否征收，是以货物是否通过关境为标准。 （　　）

6.适用协定税率、特惠税率的进口货物有暂定税率的，应当采用暂定税率。 （　　）

7.关税的计税依据分别为关税完税价格和进出口数量。 （　　）

8.厂房、机械、设备等货物进口后的建设、安装、装配、维修、技术服务等费用应计入关税完税价格。 （　　）

9.运往境外加工的货物，出境时向海关报明，并在海关规定期限内复运进境的，应当以加工后的货物进境时的到岸价格作为完税价格。 （　　）

10.出口货物的完税价格，由海关以该货物向境外销售的成交价格为基础审查确定，并应包括货物运至我国境内输出地点装卸前的运输及其相关费用、保险费及出口关税税额。 （　　）

11.根据《进出口关税条例》的规定，因纳税人违反海关有关规定造成少缴或漏缴的关税，海关可以在1年内追征。 （　　）

12.关税的滞纳金比例是千分之五。 （　　）

13.无商业价值的广告品和货样，可免征关税。 （　　）

14.目前我国对广播用录像机、放像机、摄像机等采用从量征税。 （　　）

15.进口货物运抵境内输入地点起卸后的运输及其相关费用、保险费等应计入关税完税价格。 （　　）

四、实训题

1.某企业从境外进口一批生产材料，材料价款折合人民币20万元，支付包装费1万元，向自己的采购代理人支付佣金0.5万元，该货物运抵我国境内输入地点起卸前发生运费3万元、保险费2万元；从海关运往企业所在地发生运费0.2万元。已知关税税率为10%。

要求：请计算该批材料进口时应缴纳的关税。

2.山东宏达进出口公司为增值税一般纳税人，2017年8月份从国外进口3辆小汽车自用，每辆到岸价格为17万元（关税税率25%，消费税税率9%），包括运抵我国大连港起卸前的包装、运输、保险和其他费用共计3.6万元。

要求：请计算该企业应缴纳的进口关税、消费税、增值税。

3.某中外合资化妆品生产企业为增值税一般纳税人，2017年1月发生以下业务：

（1）从国外进口一批高档散装化妆品，支付给国外的货价为120万元，运抵我国海关前的运杂费和保险费为16万元，已验收入库。

（2）进口机器设备一套，支付给国外的货价为35万元，运抵我国海关前的运杂费和保险费为5万元，已验收入库。

（3）本月企业将进口的高档散装化妆品全部生产加工为成套高档化妆品，共计7 800件，对外批发销售7 000件，取得不含税销售额290万元；向消费者零售800件，取得含税销售额51.48万元。（高档化妆品的进口关税税率为40%，消费税税率为15%；机器设备的进口关税税率为20%）

要求：

（1）请计算进口高档散装化妆品应缴纳的消费税、增值税；

（2）请计算进口机器设备应缴纳的增值税；

（3）请计算该企业国内生产销售环节应缴纳的增值税；

（4）请计算该企业国内生产销售环节应缴纳的消费税。

项目五

企业所得税

内容概要

1.企业所得税是以中国境内企业和其他取得收入的组织所取得的生产经营所得和其他所得为征税对象而征收的一种税。在我国税制结构中占有很重要的地位。

企业所得税的征收范围广，除了个人独资企业和合伙企业不需要缴纳企业所得税之外，其他所有企业都属于企业所得税的征收范围。

企业所得税的纳税人分为居民纳税人和非居民纳税人。

2.企业所得税的基本税率设定为25%，符合条件的非居民企业的优惠税率为10%，小型微利企业的优惠税率为20%，高新技术企业的优惠税率为15%。

居民企业计算企业所得税应纳税额时依据的是应纳税所得额，应纳税所得额的计算可采用直接法或间接法，其计算公式分别为：

直接法：应纳税所得额=收入总额-不征税收入-免税收入-各项扣除-允许弥补的以前年度亏损

间接法：应纳税所得额=会计利润总额±纳税调整项目金额

企业所得税纳税义务发生后，应按法定纳税期限在规定的纳税地点进行纳税申报。

任务与目标

1.认识企业所得税，熟悉企业所得税的纳税义务人、征税范围、税率、优惠政策、纳税地点和纳税期限等基本构成要素。

2.熟练掌握企业所得税应纳税所得额的确定和应纳税额的计算。

3.了解企业所得税纳税申报流程。

重点、难点

1.企业所得税的征税对象与税率。

2.企业所得税应纳税所得额的计算和应纳税额的计算。

知识归纳

1. 企业所得税的概念。

企业所得税是对中国境内的企业和其他取得收入的组织所取得的生产经营所得和其他所得征收的一种税。

2. 企业所得税的纳税义务人（见表5-1）。

表5-1 企业所得税的纳税义务人

企业	判断依据		
	一般依据		备注
居民企业	注册地在境内		注册地优先 （注册地在境内，实际管理机构在境外，也是居民企业）
	实际管理机构在境内		
非居民企业	注册地在境外		境内有机构、场所
			境内无机构、场所但有来源于境内所得

注意：个人独资企业、合伙企业不是企业所得税的纳税人，不缴纳企业所得税。

3. 居民企业和非居民企业的征税对象（见表5-2）。

表5-2 居民企业和非居民企业的征税对象

纳税人		征税对象
居民企业		境内、境外所得
非居民企业	在中国境内设立机构、场所的	境内所得
		与机构、场所有联系的境外所得
	在中国境内未设立机构、场所的	境内所得

4. 所得来源的确定依据（见表5-3）。

表5-3 所得来源的确定依据

所得的来源		确定依据
销售货物所得		按照交易活动发生地确定
提供劳务所得		按照劳务发生地确定
转让财产所得	不动产	按照不动产所在地确定
	动产	按照转让动产的企业或者机构、场所所在地确定
	权益性投资资产	按照被投资企业所在地确定
股息、红利等权益性投资所得		按照分配所得的企业所在地确定
利息所得		按照负担、支付所得的企业或者机构、场所所在地确定，或者按照负担、支付所得的个人的住所地确定
租金所得		
特许权使用费所得		

5.企业所得税的税率（见表5-4）。

表5-4 企业所得税的税率

纳税义务人		适用税率
居民企业	基本税率	25%
	小型微利企业的优惠税率	20%
	高新技术企业的优惠税率	15%
非居民企业	在中国境内设立机构、场所，且取得的所得与其所设机构、场所有实际联系的企业	25%
	在中国境内设立机构、场所的，但取得的所得与其所设机构、场所没有实际联系的企业	基本税率：20%
		优惠税率：减按10%
	在中国境内未设立机构、场所，但有来源于中国境内所得的企业	基本税率：20%
		优惠税率：减按10%

6.收入类型的具体项目（见表5-5）。

表5-5 收入类型的具体项目

收入类型	具体项目
销售货物收入	销售商品、产品、原材料、包装物、低值易耗品以及其他存货取得的收入
提供劳务收入	企业从事建筑安装、修理修配、交通运输、仓储租赁、金融保险、邮电通信、咨询经纪、文化体育、科学研究、技术服务、教育培训、餐饮住宿、中介代理、卫生保健、社区服务、旅游、娱乐、加工以及其他劳务服务活动取得的收入
转让财产收入	企业转让固定资产、生物资产、无形资产、股权、债权等财产取得的收入
股息、红利等权益性投资收益	企业因权益性投资从被投资方取得的收入
利息收入	企业将资金提供他人使用但不构成权益性投资，或者因他人占用本企业资金取得的收入，包括存款利息、贷款利息、债券利息、欠款利息等收入
租金收入	企业提供固定资产、包装物或者其他有形资产的使用权取得的收入
特许权使用费收入	企业提供专利权、非专利技术、商标权、著作权以及其他特许权的使用权取得的收入
接受捐赠收入	企业接受的来自其他企业、组织或者个人无偿给予的货币性资产、非货币性资产
其他收入	企业资产溢余收入、逾期未退包装物押金收入、确实无法偿还的应付款项、已作坏账损失处理后又收回的应收款项、债务重组收入、补贴收入、违约金收入、汇兑收益等

7.特殊情况下收入的确认（见表5-6）。

表5-6   特殊情况下收入的确认

收入类型	收入的确认
分期收款方式销售货物	按照合同约定的收款日期确认收入的实现
企业受托加工制造大型机械设备、船舶、飞机，以及从事建筑、安装、装配工程业务或者提供其他劳务等，持续时间超过12个月	按照纳税年度内完工进度或者完成的工作量确认收入的实现
采取产品分成方式取得的收入	按照企业分得产品的日期确认收入的实现
企业发生非货币性资产交换，以及将货物、财产、劳务用于捐赠、偿债、赞助、集资、广告、样品、职工福利或者利润分配等用途	应当视同销售货物、转让财产或者提供劳务确认收入，但国务院财政、税务主管部门另有规定的除外

8.不征税收入和免税收入（见表5-7）。

表5-7   不征税收入和免税收入

	财政拨款
不征税收入	依法收取并纳入财政管理的行政事业性收费、政府性基金
	国务院规定的其他不征税收入
免税收入	国债利息收入
	符合条件的居民企业之间的股息、红利等权益性收益
	在中国境内设立机构、场所的非居民企业从居民企业取得与该机构、场所有实际联系的股息、红利等权益性投资收益
	符合条件的非营利性组织的收入

9.扣除项目的内容及其标准（见表5-8）。

表5-8   扣除项目的内容及其标准

项目	扣除标准	超标准处理
职工福利费	不超过工资薪金总额14%的部分准予扣除	当年不得扣除
工会经费	不超过工资薪金总额2%的部分准予扣除	当年不得扣除
职工教育经费	不超过工资薪金总额2.5%的部分准予扣除	当年不得扣除；但超过部分准予结转以后纳税年度扣除
利息费用	不超过金融企业同期同类贷款利率计算的利息	当年不得扣除
业务招待费	按照发生额的60%扣除，但最高不得超过当年销售（营业）收入的5‰	当年不得扣除
广告费和业务宣传费	不超过当年销售（营业）收入15%的部分，准予扣除	当年不得扣除；但超过部分准予结转以后纳税年度扣除
公益性捐赠支出	不超过年度利润总额12%的部分，准予扣除	当年不得扣除

10.不得扣除的项目（见表5-9）。

表5-9 不得扣除的项目

不得扣除的项目	注释
向投资者支付的股息、红利等权益性投资收益款项	税后的分配，不得列支
企业所得税税款	
税收滞纳金	纳税人违反税收法规，被税务机关处以的滞纳金
罚金、罚款和被没收财物的损失	是指纳税人违反国家有关法律、法规规定，被有关部门处以的罚款，以及被司法机关处以的罚金和被没收财物
超过规定标准的捐赠支出	是指年度利润总额12%以外的部分
赞助支出	是指企业发生的与生产经营活动无关的各种非广告性质支出
未经核定的准备金支出	是指不符合国务院财政、税务主管部门规定的各项资产减值准备、风险准备等准备金支出
与取得收入无关的其他支出	企业之间支付的管理费
	企业内营业机构之间支付的租金和特许权使用费
	非银行企业内营业机构之间支付的利息

11.亏损弥补。

企业某一纳税年度发生的亏损可以用下一年度的所得弥补，下一年度的所得不足以弥补的，可以逐年延续弥补，但最长不得超过5年。

12.税收优惠政策（见表5-10）。

表5-10 税收优惠政策

优惠措施	具体项目
免征与减征	（1）从事农、林、牧、渔业项目的所得 （2）从事国家重点扶持的公共基础设施项目投资经营的所得，自项目取得第一笔生产经营收入所属纳税年度起，3免3减半 （3）从事符合条件的环境保护、节能节水项目的所得，自项目取得第一笔生产经营收入所属纳税年度起，3免3减半 （4）符合条件的技术转让所得，在一个纳税年度内，居民企业转让技术所有权所得不超过500万元的部分，免征企业所得税；超过500万元的部分，减半征收企业所得税
高新技术企业优惠	国家需要重点扶持的高新技术企业减按15%的税率征收企业所得税
小型微利企业优惠	小型微利企业减按20%的税率征收企业所得税

优惠措施	具体项目
加计扣除优惠	(1) 开发新技术、新产品、新工艺发生的研究开发费用，未形成无形资产计入当期损益的，在按照规定据实扣除的基础上，按照研究开发费用的50%加计扣除；形成无形资产的，按照无形资产成本的150%摊销 (2) 企业安置残疾人员的，在按照支付给残疾职工工资据实扣除的基础上，按照支付给残疾职工工资的100%加计扣除
抵扣应纳税所得额	创业投资企业采取股权投资方式投资于未上市的中小高新技术企业2年以上的，可以按照其投资额的70%在股权持有满2年的当年抵扣该创业投资企业的应纳税所得额；当年不足抵扣的，可以在以后纳税年度结转抵扣
加速折旧	缩短折旧年限或者采取加速折旧的方法
减计收入优惠	企业综合利用资源，生产国家非限制和禁止并符合国家和行业相关标准的产品取得的收入，在计算应纳税所得额时，减按90%计入收入总额
税额抵免优惠	企业购置并实际使用国家规定的环境保护、节能节水、安全生产等专用设备的，该专用设备的投资额的10%可以从企业当年的应纳税额中抵免；当年不足抵免的，可以在以后5个纳税年度结转抵免
非居民企业的优惠	1.非居民企业减按10%的税率征收企业所得税 2.非居民企业取得下列所得免征企业所得税 (1) 外国政府向中国政府提供贷款取得的利息所得 (2) 国际金融组织向中国政府和居民企业提供优惠贷款取得的利息所得 (3) 经国务院批准的其他所得

13.居民企业应纳税额的计算。

（1）直接法。

应纳税所得额=收入总额－不征税收入－免税收入－各项扣除－允许弥补的以前年度亏损

（2）间接法。

应纳税所得额=会计利润总额±纳税调整项目金额

因为：

会计利润总额=收入－费用

=（应税收入+非应税收入）－（税法允许扣除的费用+税法不允许扣除的费用）

=（应税收入－税法允许扣除的费用）+（非应税收入－税法不允许扣除的费用）

=应纳税所得额+非应税收入－税法不允许扣除费用

所以：

应纳税所得额=会计利润总额±纳税调整项目金额

纳税调整项目包括两方面的内容：

一是调减的项目，税法规定免征或减征的收入，如果有可以弥补的亏损也要调减；

二是调增的项目，按税法规定不允许扣除或超过扣除标准的费用。

14.境外所得抵扣税额的计算。

$$抵免限额 = \frac{中国境内、境外所得依照企业所得税法和条例规定计算的应纳税总额}{} \times \frac{来源于某国（地区）的应纳税所得额}{} \div \frac{中国境内、境外应纳税所得总额}{}$$

15.居民企业核定征收应纳税额的计算。

（1）核定其应税所得率。

应纳所得税额=应纳税所得额×适用税率

应纳税所得额=应税收入额×应税所得率

（2）核定应纳所得税额。

16.非居民企业应纳税额的计算。

（1）股息、红利等权益性投资收益和利息、租金、特许权使用费所得，以收入全额为应纳税所得额。

（2）转让财产所得，以收入全额减除财产净值后的余额为应纳税所得额。

（3）其他所得，参照前两项规定的方法计算应纳税所得额。

17.非居民企业所得税核定征收办法。

（1）按收入总额核定应纳税所得额。

（2）按成本费用核定应纳税所得额。

（3）按经费支出换算收入核定应纳税所得额。

18.纳税地点汇总（见表5-11）。

表5-11   纳税地点汇总表

企业		纳税地点	
居民企业		登记注册地	
		登记注册地在境外的，以实际管理机构所在地为纳税地点	
非居民企业	在中国境内设立机构、场所的	取得的所得与机构、场所有实际联系的所得	以机构、场所所在地为纳税地点
		取得的所得与机构、场所没有实际联系的所得	以扣缴义务人所在地为纳税地点
	在中国境内未设立机构、场所的	以扣缴义务人所在地为纳税地点	

19.纳税期限。

企业所得税按年计征，分月或者分季预缴，年终汇算清缴，多退少补。

20.纳税申报。

企业在纳税年度内无论盈利或者亏损，都应当依照《企业所得税法》规定的期限，向税务机关报送预缴企业所得税纳税申报表、年度企业所得税纳税申报表、财务会计报告和税务机关规定应当报送的其他有关资料。

目标检测与实训

一、单项选择题

1.根据《企业所得税法》的规定，在计算应纳税所得额时准予扣除的是（　　）。

A.工商机关所处罚款　　　　　　　　B.银行加收的罚息

C.司法机关所处罚金　　　　　　　　D.税务机关加收的税收滞纳金

2.根据《企业所得税法》的规定，我国企业所得税使用的税率属于（　　）。

A.比例税率　　　　　　　　　　　　B.超额累进税率

C.定额税率　　　　　　　　　　　　D.超率累进税率

3.下面有关企业所得税税率说法正确的是（　　）。

A.企业所得税的税率为25%

B.非居民企业在中国境内未设立机构、场所的，其来源于中国境内所得的适用税率为10%

C.符合条件的小型微利企业的适用税率为15%

D.国家需要重点扶持的高新技术企业的适用税率为10%

4.根据《企业所得税法》的规定，增值税一般纳税人在计算企业所得税应纳税所得额时，不得扣除的税金是（　　）。

A.消费税　　　　　　B.城市维护建设税　　　C.增值税　　　　　　D.印花税

5.根据《企业所得税法》的规定，不属于企业所得税纳税人的是（　　）。

A.法人企业　　　　　　　　　　　　B.取得收入的组织

C.上市公司　　　　　　　　　　　　D.合伙企业

6.下列收入中，属于企业所得税不征税收入的是（　　）。

A.转让财产收入　　　　　　　　　　B.财政拨款收入

C.国债利息收入　　　　　　　　　　D.居民企业之间的股息收入

7.纳税人取得的下列收入中，不应计入应纳税所得额的有（　　）。

A.银行存款利息收入　　　　　　　　B.金融债券利息收入

C.国债利息收入　　　　　　　　　　D.国家重点建设债券利息收入

8.某企业2016年度以经营租赁方式租入固定资产，支付租赁费500万元，租赁期为5年，该公司2016年度允许税前扣除的租赁费为（　　）万元。

A.500　　　　　　　　B.50　　　　　　　　C.100　　　　　　　　D.250

9.以下成本费用中可全额扣除的项目是（　　）。

A.非金融机构利息支出　　　　　　　B.公益性捐赠支出

C.业务招待费　　　　　　　　　　　D.合理的职工工资总额

10.根据企业所得税法律制度的规定，下列各项中，不应计入应纳税所得额的有（　　）。

A.股权转让收入

B.因债权人缘故确实无法支付的应付款项

C.依法收取并纳入财政管理的行政事业性收费

D.接受捐赠收入

11.根据企业所得税法的规定，下列收入的确认不正确的是（　　）。

A.特许权使用费收入，按照合同约定的特许权使用人应付特许权使用费的日期确认收入的实现

B.股息、红利等权益性投资收益，按照被投资方做出利润分配决定的日期确认收入的实现

C.租金收入，按照合同约定的承租人应付租金的日期确认收入的实现

D.接受捐赠收入，按照接受捐赠资产的入账日期确认收入的实现

12.企业所得税法规定，国家需要重点扶持的高新技术企业适用的优惠税率是（　　）。

A.25%　　　　　　B.20%　　　　　　C.15%　　　　　D.18%

13.《企业所得税法》规定，按照规定计算的无形资产摊销费用准予扣除的是（　　）。

A.自行开发未形成无形资产的费用　　　B.自创商誉

C.与经营活动无关的无形资产　　　　　D.企业外购备用的无形资产

14.《企业所得税法》规定，纳税人发生年度亏损的，可以用下一年度的所得弥补，下一年度所得不足弥补的，可以延续弥补，但最长不得超过（　　）年。

A.1　　　　　　　B.3　　　　　　　C.5　　　　　　　D.7

15.根据《企业所得税法》的规定，依照外国（地区）法律成立且实际管理机构不在中国境内，但在中国境内设立机构、场所的，或者在中国境内未设立机构、场所，但有来源于中国境内所得的企业属于（　　）。

A.本国企业　　　　B.外国企业　　　　C.居民企业　　　　D.非居民企业

16.根据企业所得税法律制度的规定，一个纳税年度内，居民企业技术转让所得不超过（　　）万元的部分，免征企业所得税。

A.100　　　　　　B.200　　　　　　C.500　　　　　　D.1 000

17.企业发生的公益性捐赠支出，在年度利润总额（　　）以内的部分，准予在计算应纳税所得额时扣除。

A.10%　　　　　　B.12%　　　　　　C.15%　　　　　　D.20%

18.纳税人发生的下列支出中，在计算应纳税所得额时可以扣除的是（　　）。

A.工商机关所处罚款　　　　　　　　　B.存货的盘亏、毁损和报废损失

C.司法机关所处罚金　　　　　　　　　D.税务机关加收的税收滞纳金

19.某纳税人向非金融机构借款1 000万元，全年支付利息180万元，金融机构同类、同期贷款利率为13%，则企业应允许税前扣除利息支出（　　）。

A.180万元　　　　B.130万元　　　　C.90万元　　　　　D.65万元

20.某企业2016年度销售收入净额为2 000万元，全年发生业务招待费25万元，且能提供有效凭证。该企业在计算企业所得税应纳税所得额时，准予扣除的业务招待费为（　　）。

A.25万元　　　　　B.20万元　　　　　C.15万元　　　　　D.10万元

21.根据企业所得税法律制度的规定，下列各项中，在计算应纳税所得额时准予按一定比例扣除的公益、救济性捐赠是（　　）。

A.纳税人直接向某学校的捐赠　　　　B.纳税人通过企业向自然灾害地区的捐赠

C.纳税人通过电视台向灾区的捐赠　　D.纳税人通过民政部门向贫困地区的捐赠

22.企业发生的职工教育经费，不超过工资薪金总额（　　）的部分，可以扣除。

A.1%　　　　　　　B.1.5%　　　　　　C.2%　　　　　　　D.2.5%

23.企业对外投资期间，投资资产的（　　）在计算应纳税所得额时不得扣除。

A.利息　　　　　　B.折扣　　　　　　C.成本　　　　　　D.管理费用

24.符合条件的小型微利企业，按（　　）的税率征收企业所得税。

A.20%　　　　　　B.15%　　　　　　C.25%　　　　　　D.18%

25.按照企业所得税法和实施条例规定，飞机、火车、轮船以外的运输工具计算折旧的最低年限是（　　）。

A.3年　　　　　　B.4年　　　　　　C.5年　　　　　　　D.10年

26.某企业2016年度利润总额为200万元，当年开发新产品研发费用实际支出为20万元，假定税法规定研发费用可实行150%加计扣除政策。则该企业2016年度计算应纳税所得额时可以扣除的研发费用是（　　）万元。

A.30　　　　　　　B.20　　　　　　　C.15　　　　　　　D.10

27.某企业2016年度境内应纳税所得额为200万元，全年已预缴税款50万元，来源于境外某国税前所得100万元，境外实纳税款20万元，该企业在我国适用的企业所得税税率是25%，计算该企业当年汇算清缴应补（退）的税款为（　　）万元。

A.10　　　　　　　B.12　　　　　　　C.5　　　　　　　　D.79

28.甲公司2016年度的销售收入为1 000万元，实际发生的符合条件的广告支出和业务宣传费支出为200万元，该公司应按照（　　）万元予以税前扣除。

A.150　　　　　　B.200　　　　　　C.100　　　　　　　D.50

29.在计算应纳税所得额时，企业财务、会计处理办法与税收法律、行政法规的规定不一致时，应当依照（　　）的规定计算。

A.按企业财务、会计处理方法　　　　B.按税收法律、行政法规

C.按上级机关的指示　　　　　　　　D.按有资质的中介机构

30.某居民纳税人，2016年度财务资料如下：收入合计55万元，成本合计30万元，经税务机关核实，企业未能正确核算收入，税务机关对企业核定征收企业所得税，应税所得率为15%，应纳企业所得税为（　　）万元。

A.0.75　　　　　　B.1.32　　　　　　C.2　　　　　　　　D.3

二、多项选择题

1.下列各项中，属于企业所得税规定的免税收入的有（　　）。

A.符合条件的非营利组织的收入

B.符合条件的居民企业之间的股息、红利等权益性投资收益

C.财政拨款

D.国债转让收益

2.根据企业所得税法律制度的规定，下列各项中，纳税人在计算企业所得税应纳税所得额时准予扣除的项目有（　　）。

A.消费税　　　　　　B.城市维护建设税　　C.教育费附加　　　　D.增值税

3.根据《中华人民共和国企业所得税法》的规定，下列支出项目中，在计算企业所得税应纳税所得额时，不得扣除的有（　　　）。

A.税收滞纳金　　　　　　　　　　　B.银行按规定加收的罚息

C.被没收财物的损失　　　　　　　　D.未经核定的准备金支出

4.企业从事下列项目的所得，免征企业所得税（　　　）。

A.蔬菜、谷物、薯类、油料、豆类的种植

B.花卉、茶的种植

C.林木的培育和种植

D.农产品初加工

5.依据企业所得税法的规定，判定居民企业的标准有（　　　）。

A.登记注册地标准　　　　　　　　　B.所得来源地标准

C.经营行为实际发生地标准　　　　　D.实际管理机构所在地标准

6.《企业所得税法》及实施条例中规定，收入总额是企业以货币形式和非货币形式从各种来源取得的收入，包括（　　　）。

A.销售货物收入　　　　　　　　　　B.提供劳务收入

C.转让财产收入　　　　　　　　　　D.股息、红利等权益性投资收益

7.下列属于营业收入的项目有（　　　）。

A.接受捐赠收入　　　　　　　　　　B.销售产品收入

C.销售材料收入　　　　　　　　　　D.结转的无法支付的应付款项收入

8.下列各项中，属于企业所得税法中"其他收入"的有（　　　）。

A.接受非货币资产捐赠收入　　　　　B.视同销售收入

C.债务重组收入　　　　　　　　　　D.补贴收入

9.根据企业所得税法规定，下列不属于企业所得税纳税人的是（　　　）。

A.股份有限公司　　　B.事业单位　　　C.个人独资企业　　　D.合伙企业

10.根据企业所得税相关规定，关于收入确认时间的说法，正确的有（　　　）。

A.特许权使用费收入以实际取得收入的日期确认收入的实现

B.利息收入以合同约定的债务人应付利息的日期确认收入的实现

C.接受捐赠收入按照实际收到捐赠资产的日期确认收入的实现

D.股息等权益性投资收益以投资方收到所得的日期确认收入的实现

11.根据《企业所得税法》的规定，企业分为（　　　）。

A.本国企业　　　　B.外国企业　　　C.居民企业　　　D.非居民企业

12.下列属于不征税收入的是（　　　）。

A.财政拨款　　　　　　　　　　　　B.依法收取并纳入财政管理的政府性基金

C.国债利息收入　　　　　　　　　　D.企业存款利息收入

13.权益性投资收益包括（　　　）。

A.股息　　　　　　　B.红利　　　　　C.利息　　　　　　　D.联营分利

14.《企业所得税法》及实施条例中规定，企业发生的支出应当区分（　　　）。

A.资本性支出　　　　B.收益性支出　　　　C.资产性支出　　　　D.权益性支出

15.在计算应纳税所得额时企业发生的符合条件的（　　）支出，除国务院财政、税务主管部门另有规定外，不超过当年销售（营业）收入15%的部分，准予扣除；超过部分，准予在以后纳税年度结转扣除。

A.业务宣传费　　　　B.业务招待费　　　　C.广告费　　　　D.公益性捐赠

16.依据企业所得税相关规定，准予在税前扣除的保险费用有（　　）。

A.参加运输保险支付的保险费

B.按规定上交劳动保障部门的职工养老保险费

C.企业为投资者支付的商业保险费

D.按国家规定为特殊工种职工支付的法定人身安全保险费

17.企业使用或者销售的存货，可采用（　　），方法一经采用不得随意更改。

A.先进先出法　　　　　　　　　B.移动加权平均法

C.个别计价法　　　　　　　　　D.月末一次加权平均法

18.在计算应纳税所得额时，不得扣除的支出有（　　）。

A.向投资者支付的股息、红利等权益性投资收益款项

B.企业所得税税款

C.税收滞纳金

D.罚金、罚款和被没收财物的损失

19.按照《企业所得税法》及实施条例的规定，下列表述正确的有（　　）。

A.创业投资企业，企业所得税税率为20%

B.符合条件的小型微利企业，企业所得税税率为20%

C.国家需要重点扶持的高新技术企业，企业所得税税率为15%

D.资源综合利用企业，企业所得税税率为15%

20.对境外所得实行税额抵免的所得包括（　　）。

A.居民企业来源于中国境外的应税所得

B.非居民企业在中国境内设立的机构、场所，取得的发生在中国境外但与该机构、场所有实际联系的应税所得

C.居民企业从其直接控制的外国企业分得的来源于中国境外的股息、红利等权益性投资收益

D.居民企业从其间接控制的外国企业分得的来源于中国境外的股息、红利等权益性投资收益

三、判断题

1.企业所得税是指对企业来源于中国境内、外生产经营所得和其他所得征收的一种税。　　　　　　　　　　　　　　　　　　　　　　　　　　　　　（　　）

2.企业所得税的税率为20%。　　　　　　　　　　　　　　　　　　　（　　）

3.企业应纳税所得额的计算，应按企业会计制度的规定确定。　　　　　（　　）

4.纳税人亏损时不必向税务机关报送所得税申报表。　　　　　　　　　（　　）

5.企业购买国债的利息收入，不计入应纳税所得额。　　　　　　　　　（　　）

6.居民企业转让资产，该项资产的损失净额，准予在计算应纳税所得额时扣除。

（　　）

7.企业发生亏损，可以在以后5年内弥补亏损，是指以5个盈利年度的利润弥补亏损。

（　　）

8.企业发生的公益捐赠，在年度应纳税所得额的12%以内的部分，在计算所得税时准予扣除。

（　　）

9.企业取得的非货币性收入，应当按照公允价值确认其收入。　　　　　　（　　）

10.因债权人缘故确实无法支付的款项，应该纳入收入总额，计算缴纳企业所得税。

（　　）

四、实训题

1.某居民企业适用的企业所得税税率为25%，2016年的利润总额为105万元，其中包括：国债的利息收入5万元，银行存款的利息收入3万元。假设除此之外再无其他纳税调整项目。

要求：请计算该企业2016年企业所得税的应纳税额。

2.某居民企业2016年发生的合理的工资、薪金总额为300万元，福利费本期发生60万元，拨缴工会经费6万元（已经取得工会拨缴收据），实际发生职工教育经费8万元。

要求：请回答该企业在计算2016年应纳税所得额时，三项费用应如何调整？

3.某居民企业2016年实现的利润总额为700万元，企业所得税税率为25%。其中：主营业务收入4 000万元，销售材料收入800万元，出租无形资产收入200万元，本年实际发生业务招待费60万元。

要求：请计算该公司当年应缴纳的所得税税额。

4.某居民企业2016年实现的利润总额为500万元，企业所得税税率为25%。其中：主营业务收入4 000万元，销售材料收入1 000万元，接受捐赠收入200万元，本年实际发生业务招待费40万元。

要求：请计算该公司当年应缴纳的所得税税额。

5.某居民2016年实现的利润总额为500万元，企业所得税税率为25%，其中：产品销售收入7 000万元，其他业务收入1 000万元，当年发生广告费1 500万元。

要求：请计算企业当年应缴纳的所得税税额。

6.某居民企业2016年税前会计利润为500万元，企业所得税税率为25%，营业外支出中有一项通过希望工程基金会捐赠的款项100万元，还有一项通过镇政府对外捐赠的款项20万元，除此之外无其他纳税调整项目。

要求：请计算该企业2016年应缴纳的所得税税额。

7.表5-12为经税务机关审定的某公司连续7年应纳税所得额情况，假设该企业一直执行5年亏损弥补规定，企业所得税税率为25%。

要求：请计算该企业7年间应缴纳的企业所得税是多少？

表5-12　　　　　　　　　　某公司连续7年应纳税所得额情况　　　　　　　　　单位：万元

年度	2010	2011	2012	2013	2014	2015	2016
应纳税所得额	-80	10	-20	30	20	30	60

8.某企业2016年开具增值税专用发票取得不含税收入4 680万元，同时企业为销售货物提供了运输服务，运费收取标准为销售货物收入的10%，并开具普通发票。收入对应的销售成本和运输成本为2 780万元，期间费用为1 360万元，营业外支出为200万元（其中180万元为公益性捐赠支出）。

要求：请计算该企业当年应缴纳的所得税税额。

9.某居民企业为增值税一般纳税人，主要生产销售电冰箱，2016年度销售电冰箱取得不含税收入4 300万元，与电冰箱配比的销售成本为2 830万元；出租设备取得租金收入100万元；实现会计利润422.38万元。与销售有关的费用支出如下：

（1）销售费用825万元，其中广告费700万元；

（2）管理费用425万元，其中业务招待费45万元；

（3）财务费用40万元，其中含向非金融企业借款250万元所支付的年利息20万元（当年金融企业贷款的年利率为5.8%）；

（4）计入成本、费用中的实发工资为270万元，发生工会经费7.5万元、职工福利费41万元、职工教育经费9万元；

（5）营业外支出150万元，其中包括通过公益性社会团体向贫困山区的捐款75万元。

要求：请计算该企业2016年度的广告费、业务招待费、财务费用、工会经费、职工福利费、职工教育经费、公益性捐赠等应调增的应纳税所得额。

10.某公司2016年度实现利润总额800万元，税务机关经过检查发现该公司有以下几项支出均已入账：

（1）支付税收滞纳金，罚款共计8万元；

（2）直接捐赠给某企业10万元；

（3）取得国库券利息收入20万元。

要求：请计算该公司本年度应纳税所得额和应纳所得税额。

11.某市生产企业为增值税一般纳税人，2016年度发生相关业务如下：

（1）销售产品取得不含税销售额6 000万元；

（2）应扣除的销售成本为3 000万元；

（3）缴纳增值税400万元，城市维护建设税、教育费附加及地方教育附加48万元；

（4）发生销售费用500万元，管理费用800万元；

（5）赞助支出10万元，被环保部门罚款支出5万元；

（6）2014年度、2015年度经税务机关确认的亏损额分别为60万元和40万元。

要求：请计算2016年度应纳的企业所得税。

12.某企业为居民企业，职工180人，固定资产原值为600万元，其中：机器设备为400万元，生产用房150万元，非生产用房50万元。2016年度企业会计报表的有关资料如下：

（1）企业按照国家统一会计制度计算的利润总额为300万元，其中：销售利润270万元，企业的产品销售收入为900万元，国库券的利息收入为30万元；

（2）计入成本、费用的实发工资总额为391万元，拨缴职工工会经费7.82万元，支出职工福利费58.65万元和职工教育经费11.73万元；

（3）业务招待费6万元；

（4）环保部门罚款10万元；

（5）向另一企业支付赞助费5万元；

（6）通过国家机关向教育事业捐款100万元；

（7）企业对600万元的固定资产一律按10%的折旧率计提了折旧。

除上述资料外，税法允许的年折旧率分别为机器设备8%、生产用房5%、非生产用房4%；企业已按实现利润300万元计算缴纳了75万元企业所得税。

要求：

（1）请计算职工工会经费、职工福利费和职工教育经费应调整的应纳税所得额；

（2）请计算业务招待费应调整的应纳税所得额；

（3）请计算折旧费用应调整的应纳税所得额；

（4）请计算所得税前准予扣除的捐赠；

（5）请计算该企业应纳税所得额；

（6）请计算该企业应补缴所得税额。

13. 某生产企业当年取得产品销售收入1 000万元，国债利息收入30万元，接受捐赠收入30万元，出租房屋的租金收入50万元，取得直接投资于其他居民企业的红利收入30万元（所得税税率为25%），产品销售成本300万元，税金及附加10万元，各项费用合计160万元，营业外支出40万元（其中税收罚款支出5万元，赞助支出5万元），其余各项支出都按税收法规进行调整。

要求：请计算企业当年应纳所得税额。

14. 某企业为居民企业，2016年经营业务如下：取得销售收入5 000万元，销售成本2 200万元，发生销售费用1 340万元（其中广告费900万元），管理费用960万元（其中业务招待费30万元），财务费用120万元，各项税金320万元（含增值税240万元），营业外收入140万元，营业外支出100万元（含通过公益性社会团体向贫困山区捐款60万元，支付税收滞纳金12万元），计入成本、费用中的实发工资总额300万元，拨缴职工工会经费6万元，提取并发放职工福利费46万元、职工教育经费10万元。

要求：请计算该企业实际应缴纳的企业所得税税额。

15. 某企业2016年度取得产品销售收入6 000万元，其他业务收入2 000万元，营业外收入500万元，发生各项成本费用7 000万元，当年公司纳税情况如下：

应纳所得税额=（6 000+2 000+500-7 000）×25%=375（万元）

经查，下列各项支出均已列出：

（1）全年支付职工工资140万元，计提工会经费等三项经费28万元；

（2）向职工集资100万元，借款利率12%，同期银行利率8%；

（3）通过减灾委员会向灾区捐款100万元；

（4）全年共支付业务招待费90万元；

（5）赞助明星演唱会30万元。

要求：请计算企业应纳的企业所得税税额。

项目六

个人所得税

内容概要

1.个人所得税是调整征税机关与自然人（居民、非居民人）之间在个人所得税的征纳与管理过程中所发生的社会关系的法律规范的总称。

目前，个人所得税已经成为中国税收收入增长较快的税种之一，日益受到社会公众的关注，其重要意义主要表现在：一是调节收入分配，体现社会公平；二是增强纳税意识，树立义务观念；三是扩大聚财渠道，增加财政收入。

凡在中国境内有住所，或者无住所而在中国境内居住满一年的个人，从中国境内和境外取得所得的，以及在中国境内无住所又不居住或者无住所而在境内居住不满一年的个人，从中国境内取得所得的，均为个人所得税的纳税人。

按照《中华人民共和国个人所得税法》的规定，个人所得税的征税范围是指应该缴纳个人所得税的各项应税所得项目，包括：（1）工资、薪金所得；（2）个体工商户的生产、经营所得；（3）对企事业单位的承包经营、承租经营所得；（4）劳务报酬所得；（5）稿酬所得；（6）特许权使用费所得；（7）利息、股息、红利所得；（8）财产租赁所得；（9）财产转让所得；（10）偶然所得；（11）经国务院财政部门确定征税的其他所得。

2.个人所得税的税率分为两种，一种是超额累进税率，另一种是比例税率。

个人所得税的征收范围不同，计算应纳税额的依据也不相同，企业应按照个人所得税法的规定准确计算应纳税额。

个人所得税纳税义务发生后，应按法定纳税期限在规定的纳税地点进行纳税申报。

任务与目标

1.认识个人所得税，熟悉个人所得税的纳税人、征税范围、税率、优惠政策、纳税地点和纳税期限等基本构成要素。

2.熟练掌握个人所得税计税依据的确定和应纳税额的计算。

3.了解个人所得税纳税申报程序。

重点、难点

1.个人所得税的纳税人及其确定标准。

2.个人所得税的征税对象与税率。

3.个人所得税计税依据的确定和应纳税额的计算。

4.个人所得税的纳税方式、纳税地点和纳税期限。

5.个人所得税自行纳税申报内容。

知识归纳

1.《中华人民共和国个人所得税法》将个人所得税的纳税义务人依据住所和居住时间两个标准,分为居民纳税人和非居民纳税人(见表6-1)。

表6-1 个人所得税的纳税义务人的区分标准及纳税义务

纳税义务人	区分标准	纳税义务
居民纳税人	(1) 在中国境内有住所的个人; (2) 在中国境内无住所,而在境内居住满1年的个人	就来源于中国境内和境外的全部所得纳税
非居民纳税人	(1) 在中国境内无住所又不居住的个人; (2) 在中国境内无住所而在境内居住不满1年的个人	仅就来源于中国境内的所得纳税

2.个人所得税的征税对象分为以下11个项目(见表6-2)。

表6-2 个人所得税的征税对象

征税项目		具体内容
劳动所得	工资、薪金	工资、薪金、奖金、年终加薪、劳动分红、津贴、补贴
	劳务报酬所得	包括个人兼职所得
	稿酬所得	作品以图书、报刊形式出版、发表
生产经营所得	个体工商户生产经营所得	包括个人从事彩票代销业务的所得
	承包、承租经营所得	
资本所得	特许权使用费所得	包括将自己的作品原件、复印件拍卖
	利息、股息、红利	国债利息、国家发行金融债券利息免税
	财产转让所得	股票转让暂不征税
	财产租赁所得	
其他所得	偶然所得	中奖、中彩以及其他偶然因素取得的所得,不扣除任何费用
	其他所得	提供担保获得的报酬等

3.个人所得税税率（如图6-1所示）。

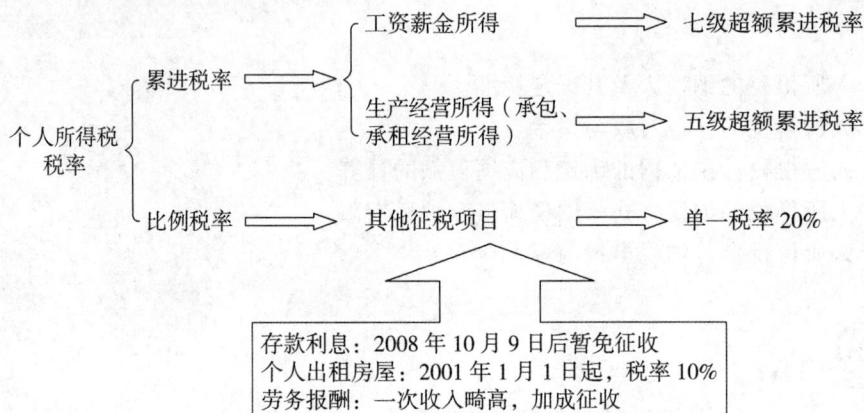

图6-1 个人所得税税率

4.个人所得税应纳税额的计算归纳对比（见表6-3）。

表6-3 个人所得税应纳税额的计算归纳对比

应税项目	税率	纳税期限	应纳税所得额	应纳税额
1.工资、薪金所得	七级超额累进税率	月	每月收入-3 500或4 800元	应纳税所得额×适用税率-速算扣除数
2.个体工商户的经营所得	五级超额累进税率	年	全年收入-成本、费用及损失	应纳税所得额×适用税率-速算扣除数
3.对企事业单位承租经营、承包经营	五级超额累进税率	年	收入总额-必要费用或者分得的经营利润+工资、薪金性质的所得-3 500元/月×12	应纳税所得额×适用税率-速算扣除数
4.劳务报酬所得	名义上为比例税率，实际上为三级超额累进税率	次	（1）每次收入≤4 000元：每次收入额-800元；（2）每次收入>4 000元：每次收入额×（1-20%）	应纳税所得额×适用税率-速算扣除数
5.稿酬所得	20%比例税率，按应纳税额减征30%	次	同劳务报酬	应纳税所得额×14%
6.特许权使用费所得	20%比例税率	次	同劳务报酬	应纳税所得额×20%
7.财产租赁所得	20%比例税率	次	（1）每次收入≤4 000元：应纳税所得额=每次（月）收入额-准予扣除项目-修缮费用（800元为限）-800元；（2）每次收入>4 000元：应纳税所得额=[每次（月）收入额-准予扣除项目-修缮费用（800元为限）]×（1-20%）	应纳税所得额×20%
8.财产转让所得	20%比例税率	次	（1）一般情况下：收入总额-财产原值-合理费用；（2）受赠人转让无偿赠与的不动产：收入总额-受赠、转让住房过程中缴纳的税金及有关合理费用	应纳税所得额×20%
9.利息、股息、红利所得；偶然所得；其他所得	20%比例税率	次	每次收入额	应纳税所得额×20%

5.个人所得税纳税方式。

个人所得税的纳税方式有代扣代缴和自行纳税申报两种。

6.个人所得税纳税地点汇总（见表6-4）。

表6-4   个人所得税纳税地点汇总

项目	纳税地点
个人所得税自行申报	收入来源地的主管税务机关
纳税人从两处或两处以上取得工资、薪金	选择并固定在其中一地税务机关
从境外取得所得	境内户籍所在地或经营居住地税务机关
扣缴义务人	主管税务机关
个人独资企业和合伙企业的投资者	企业实际经营管理所在地主管税务机关

7.个人所得税纳税期限。

扣缴义务人每月所扣的税款，应当在次月15日内缴入国库，并向主管税务机关报送《扣缴个人所得税报告表》和有关资料；年所得12万元以上的纳税人，在纳税年度终了后3个月内自行向主管税务机关办理纳税申报，并向主管税务机关报送《个人所得税纳税申报表（适用于年所得12万元以上的纳税人申报）》和有关资料。

8.个人所得税自行纳税申报内容。

纳税义务人有下列情形之一，应按规定到主管税务机关办理纳税申报：

（1）年所得12万元以上的。

（2）从中国境内两处或者两处以上取得工资、薪金所得的。

（3）从中国境外取得所得的。

（4）取得应纳税所得，没有扣缴义务人的。

（5）国务院规定的其他情形。

目标检测与实训

一、单项选择题

1.根据个人所得税法律制度的规定，不属于个人所得税应税项目的有（   ）。

A.劳动报酬所得   B.稿酬所得   C.保险赔款   D.彩票中彩所得

2.下列人员为个人所得税的非居民纳税人的是（   ）。

A.在中国境内有住所的个人   B.中国国内公民

C.在中国境内定居的外国侨民   D.具有中国国籍而侨居海外的华侨

3.在我国境内无住所，但居住满1年而未超过5年的个人，其来源于境外的所得，适用个人所得税的规定是（   ）。

A.应就来源于中国境内外所得纳税

B.经主管税务机关批准，其来源于中国境外的所得，可以只就由中国境内公司、企业

以及其他经济组织或个人支付的部分缴纳所得税

C.仅就来源于中国境内所得纳税

D.不负有纳税义务

4.根据个人所得税法规定，下列各项中，属于工资、薪金所得项目的是（　　　）。

A.年终加薪　　　　B.托儿补助费　　　C.独生子女补贴　　　D.差旅费津贴

5.某院校教授为某单位进行技术改造，所得到的报酬应按（　　）项目缴纳个人所得税。

A.劳务报酬　　　　B.工资、薪金所得　　C.偶然所得　　　　　D.奖金

6.下列所得一次收入畸高应实行加成征收的是（　　　）。

A.劳务报酬所得　　B.稿酬所得　　　　　C.偶然所得　　　　　D.财产转让所得

7.作者将自己的文字手稿原件或复印件公开拍卖（竞价）取得的所得，按（　　）项目征收个人所得税。

A.劳务报酬所得　　B.稿酬所得　　　　　C.特许权使用费所得 D.财产转让所得

8.按照个人所得税法的规定，下列属于财产转让所得的有（　　　）。

A.提供专用权的使用权　　　　　　　　B.提供商标权的所有权

C.提供非专利权的使用权　　　　　　　D.转让土地使用权

9.下列所得中，属于劳务报酬所得的是（　　　）。

A.个人独立从事制图取得的所得　　　　B.教师为受雇任职学校讲课取得的所得

C.临时工为单位安装作业取得的所得　　D.雇员取得的年终劳动分红

10.下列所得中，属于稿酬所得的是（　　　）。

A.作品以图书、报刊形式出版发表　　　B.代写书信

C.提供著作权的使用权取得的收入　　　D.将自己的手稿拍卖取得的所得

11.对个人取得的下列所得，应按财产租赁所得计征个人所得税的有（　　　）。

A.转让机器设备　　　　　　　　　　　B.转让运输工具

C.转让土地使用权　　　　　　　　　　D.出租土地使用权

12.根据个人所得税法的规定，对个人转让有价证券取得的所得，应按照（　　）征税。

A.偶然所得　　　　B.财产转让所得　　C.股息红利所得　　　D.其他所得

13.个人出租房屋使用权取得的所得属于（　　　）。

A.财产转让所得　　　　　　　　　　　B.财产租赁所得

C.特许权使用费所得　　　　　　　　　D.劳务报酬所得

14.稿酬所得适用比例税率，税率为20%，并按（　　）减征30%。

A.所得额　　　　　B.应纳税所得额　　C.全部收入　　　　　D.应纳税额

15.某作家一次稿酬所得为37 000元，其应纳个人所得税税额为（　　　）。

A.5 209元　　　　B.4 144元　　　　　C.5 180元　　　　　D.3 500元

16.某演员参加营业性演出，一次获得表演收入50 000元，其应纳个人所得税税额为（　　　）元。

A.8 000　　　　　B.10 000　　　　　C.12 000　　　　　D.3 000

17.李某在一次福利彩票抽奖中，花1 000元抽中一辆价值300 000元的"别克"牌轿

车，外加 500 000 元现金，其应纳个人所得税税额为（　　）。

　　A.1 000 000 元　　　B.0　　　　　　C.159 800 元　　　　D.160 000 元

18.某居民王某出租自有房屋半年，一次性取得全部收入人民币 6 000 元，依照税法王某应缴纳的个人所得税税额为（　　）。（不考虑其他税费）

　　A.240 元　　　　　B.1 200 元　　　　C.1 640 元　　　　D.1 110 元

19.某个体工商户全年收入为 10 000 元，费用、成本、损失共 4 000 元，其应纳个人所得税税额为（　　）。

　　A.200 元　　　　　B.350 元　　　　　C.480 元　　　　　D.500 元

20.个人经政府有关部门批准取得执照，从事办学、医疗等有偿服务取得的所得属于（　　）。

　　A.劳务报酬所得

　　B.工资、薪金所得

　　C.个体工商户生产经营所得

　　D.对企业、事业单位的承包、承租经营所得

二、多项选择题

1.下列项目中应纳个人所得税的有（　　）。

　　A.劳务报酬所得　　　　　　　　　B.保险赔偿

　　C.稿酬所得　　　　　　　　　　　D.个人的生活困难补助费

2.下列个人所得中适用 20% 的比例税率的有（　　）。

　　A.财产租赁所得　　　　　　　　　B.财产转让所得

　　C.对企事业单位的承包、承租经营所得　D.偶然所得

3.下列个人所得在计算应纳税额时，允许从总收入中减除费用 800 元的有（　　）。

　　A.外企中方雇员工资、薪金所得 15 000 元

　　B.提供咨询服务一次取得收入 3 000 元

　　C.对企事业单位的承包经营、承租经营所得 50 000 元

　　D.财产转让所得 3 000 元

4.下列个人所得，免纳个人所得税的项目有（　　）。

　　A.救济金

　　B.稿酬

　　C.按国家统一规定发给的补贴、津贴

　　D.按国家统一发给的退休工资

5.下列说法正确的有（　　）。

　　A.个人发表一作品，出版单位分三次付稿酬，这三次稿酬应合并为一次征税

　　B.若个人在国内外出版同一作品而分别取得稿酬，则应分别单独纳税

　　C.若因作品加印而获得稿酬，应就此次稿酬单独纳税

　　D.个人的同一作品连载之后又出书取得稿酬的应视同再版稿酬，分别征税

6.个人所得税的纳税义务人包括（　　）。

　　A.在中国境内有住所的人　　　　　B.个体工商户

C.在中国境内有所得的境外人员　　　　D.外籍个人

7.下列所得中，适用超额累进税率的是（　　　）。

A.工资、薪金所得

B.个体工商户的生产经营所得

C.对企事业单位的承包承租经营所得

D.财产转让所得

8.下列应按工资、薪金所得项目计税的有（　　　）。

A.因受雇于企业而取得的所得

B.律师、顾问按期从外聘单位取得的所得

C.承包者对企事业单位承包取得的所得

D.销售人员从任职企业领取的推销奖励

9.下列情况中肯定要自行申报的有（　　　）。

A.纳税人在两处或者两处以上取得工资、薪金所得的

B.稿酬所得

C.纳税人在多处取得同一项劳务报酬所得的

D.没有扣缴义务人的应税所得

10.下列收入属于免税项目的有（　　　）。

A.省级人民政府颁发的科学教育奖励　　　B.按国家统一规定发放补贴、津贴

C.储蓄存款利息　　　　　　　　　　　　D.保险赔款

11.下列所得属于《个人所得税法》所指的劳务报酬所得的有（　　　）。

A.业余时间为外单位从事设计取得的所得

B.非专职人员从事审稿取得的所得

C.教授为外单位讲学取得的所得

个人担任董事职务取得的董事费收入

12.根据《中华人民共和国个人所得税法》的规定，下列各项中，免征个人所得税的有（　　　）。

A.李某领取的按国家统一规定发给的安家费

B.张某获得的保险赔款

C.赵某领取的按国家统一规定发给的退休工资

D.王某出租房屋所得

13.个人所得税自行申报纳税的纳税义务人有（　　　）。

A.从两处或两处以上取得工资、薪金所得的

B.取得应税所得，没有扣缴义务人的

C.从多处取得相同项目劳务报酬所得的

D.年所得12万元以上的

14.下列各项中，属于个人所得税劳务报酬所得的有（　　　）。

A.笔译翻译收入　　　　　　　　　　　　B.审稿收入

C.现场书画收入　　　　　　　　　　　　D.雕刻收入

15.采用按次征税的所得项目的有（　　　）。

A.劳务报酬所得

B.工资、薪金所得

C.财产租赁所得

D.其他所得

16.个人取得的应纳税所得包括（　　　）。

A.现金

B.实物

C.有价证券

D.其他经济利益

17.个人所得税的纳税人分为居民纳税人和非居民纳税人，依据的标准有（　　　）。

A.境内有无住所

B.境内工作时间

C.取得收入的工作地

D.境内居住时间

三、判断题

1.现行《中华人民共和国个人所得税法》规定，个人所得税是一种按属地原则纳税的税种。　　　　　　　　　　　　　　　　　　　　　　　　　　　　　　（　　　）

2.凡在中国境内有住所，或者无住所而在中国境内居住满一年的个人，从中国境内和境外取得的所得，均应依法缴纳个人所得税。　　　　　　　　　　　　　（　　　）

3.在中国境内无住所又不居住或者无住所而在境内居住不满一年的个人，从中国境内取得的所得，不应缴纳个人所得税。　　　　　　　　　　　　　　　　　（　　　）

4.我国现行个人所得税采用的是分类所得税制。　　　　　　　　　　　（　　　）

5.居民纳税人和非居民纳税人，无论是来源于中国境内还是境外的全部所得，都要在中国缴纳个人所得税。　　　　　　　　　　　　　　　　　　　　　　　（　　　）

6.我国税法对个人的各项所得具体规定了一种税率，即超额累进税率。　（　　　）

7.工资、薪金所得，适用七级超额累进税率，税率为5%~45%。　　　（　　　）

8.稿酬所得实际执行税率为20%。　　　　　　　　　　　　　　　　　（　　　）

9.依据税法规定，独生子女补贴、托儿补助费和差旅费津贴均应计入工资、薪金所得计算缴纳个人所得税。　　　　　　　　　　　　　　　　　　　　　　　（　　　）

10.2011年9月1日起施行修改后的《中华人民共和国个人所得税法》及其实施条例中规定：工资、薪金所得减除费用标准为3 500元。　　　　　　　　　　　（　　　）

11.劳务报酬所得一次收入畸高的，可以实行加成征收。　　　　　　　（　　　）

12.稿酬所得，是指个人因其作品以图书、报刊形式出版、发表而取得的所得。

　　　　　　　　　　　　　　　　　　　　　　　　　　　　　　　　　（　　　）

13.提供著作权的使用权取得的所得，属于稿酬所得。　　　　　　　　（　　　）

14.我国税法规定，对个人投资者从上市公司取得的股息、红利所得，暂减按30%计入个人应纳税所得额。　　　　　　　　　　　　　　　　　　　　　　　　（　　　）

15.个人出租财产取得的财产租赁收入，属于个人所得税应税所得，应按财产租赁所得项目计缴个人所得税。　　　　　　　　　　　　　　　　　　　　　　　（　　　）

16.中秋节，公司为员工发放月饼，不应计入工资、薪金所得缴纳个人所得税。（　　　）

17.居民纳税人，从中国境内和境外取得的所得，均依法缴纳个人所得税。（　　　）

18.个体工商户的生产经营所得，适用的税率为5%~45%的五级超额累进税率。

　　　　　　　　　　　　　　　　　　　　　　　　　　　　　　　　　（　　　）

19.各项个人所得的计算，以人民币为单位。所得为外国货币的，应按照取得所得当日的外汇牌价折合成人民币计算缴纳税款。（　　）

20.中国境内有住所而在中国境外取得工资、薪金所得的纳税义务人，其附加减除费用标准为4 000元。（　　）

21.书报费、洗理费应免征个人所得税。（　　）

22.对个人取得的教育储蓄存款利息所得以及国务院财政部门确定的其他专项储蓄存款或者储蓄性专项基金存款的利息所得，免征个人所得税。（　　）

23.从境外取得的个人所得，不需要在其境内户籍所在地或经营居住地税务机关申报纳税。（　　）

24.扣缴义务人每月所扣的个人所得税税款，应当在次月30日内缴入国库。（　　）

25.年所得12万元以上的纳税人，在纳税年度终了后1个月内向主管税务机关办理纳税申报。（　　）

26.个人取得应纳税所得，没有扣缴义务人的或者扣缴义务人未按规定扣缴税款的，均应自行申报缴纳个人所得税。（　　）

27.个人所得税法规定，对财产租赁所得，以1个月内取得的收入为一次。（　　）

28.个人所得税的纳税人分为居民纳税人和非居民纳税人。居民纳税人是指在中国境内有居所的纳税人。（　　）

29.工资薪金所得与劳务报酬所得均应适用超额累进税率，特许权使用费所得与财产转让所得均适用比例税率。（　　）

30.个体行医者，应当依法缴纳个人所得税。（　　）

四、实训题

1.中国居民王某2016年12月取得工资收入8 500元，当月个人承担住房公积金、基本养老保险金、医疗保险金、失业保险金共计1 000元。

要求：请计算王某应缴纳的个人所得税税额。

2.中国居民方某2016年12月份取得收入14 600元，这项收入包括12月份的工资3 800元以及全年12个月的奖金10 800元。

要求：请计算其应缴纳的个人所得税税额。

3.中国居民赵某2016年12月取得工资收入3 300元，当月又取得年终一次性奖金48 200元。

要求：请计算其应缴纳的个人所得税税额。

4.中国居民何某2016年12月扣除"五险一金"的工资收入为2 800元，领取年终一次性奖金48 000元，全勤奖1 200元，半年奖2 000元。

要求：请计算其应缴纳的个人所得税税额。

5.某个体工商户，账证比较健全，2016年取得收入总额为350 000元，准许扣除的成本费用及相关税金共计为150 000元，该年度发生货物毁损10 000元。

要求：请计算该个体工商户2016年度应缴纳的个人所得税税额。

6.某研究所高级工程师李先生2017年7月份为某企业进行产品设计，取得报酬50 000元。

要求：请计算其应缴纳的个人所得税税额。

7.李某为一家企业提供装饰业务取得收入43 000元，其中装饰设计3 000元，装潢劳务40 000元。

要求：请计算其应缴纳的个人所得税税额。

8.王作家2017年7月份出版一本专著，取得稿酬12 000元。

要求：请计算其应缴纳的个人所得税税额。

9.中国公民李某2017年8月份出版一部著作，取得出版社稿酬8 000元。在此之前，部分章节6月至7月被某晚报连载，6月份取得稿酬1 000元，7月份取得稿酬1 500元，因该书畅销，9月份出版社加印一次，又取得追加稿酬4 000元。

要求：请计算其应缴纳的个人所得税税额。

10.张某将自己拥有的一套住房转让，取得转让收入220 000元，该住房原购买价格为180 000元，换让时支付相关税费15 000元。

要求：请计算张某应缴纳的个人所得税税额。

11.钱某购买彩票中奖，中奖所得共计50 000元，钱某领奖时，从中奖所得中拿出20 000元通过福彩中心捐赠给某希望小学。

要求：请计算福彩中心代扣代缴钱某个人所得税后，其实际可得的中奖金额。

12.于某2017年2月出租自己拥有的一套住房，取得租金收入3 000元，期间支付房屋维修费900元。

要求：请计算其应缴纳的个人所得税税额。

13.中国公民赵某2016年12月取得以下收入：

（1）取得工资、薪金收入6 000元，当月考勤奖500元。全年一次性奖金12 000元。

（2）购买福利彩票支出500元，取得一次性中奖收入200 000元。

（3）为某企业设计照明线路，取得一次性设计收入15 000元。

（4）将自有的两套住房中的一套出租，出租后仍用于居住，每月取得租金收入2 700元。

要求：请计算其应缴纳的个人所得税税额。

14.某演员在2016年1月至12月取得以下个人收入：

（1）每月取得个人收入4 500元；

（2）2016年1月参加某大型演唱会，取得单位支付的报酬5 000元；

（3）取得银行利息收入4 000元；

（4）2016年8月至10月被另一影视单位聘用，拍摄连续剧，任务完成时对方一次支付其报酬12 000元；

（5）9月份出版个人自传小说一部，获得稿酬20 000元。

要求：请计算其应缴纳的个人所得税税额。

15.假定税务机关对中国居民张某2016年度个人收入进行调查，经核实张某2016年1—12月个人所得情况如下：

（1）每月取得工资收入5 500元，1—12月共计66 000元；

（2）转让一项专利，取得收入50 000元；

（3）7月份出版一本专著，取得稿酬12 000元；

（4）9月份取得省政府颁发的科技发明奖20 000元；

（5）到期国债利息收入900元；

（6）个人出租经营性商铺，每月取得租金收入3 000元（不考虑其他税费）。

要求：请计算其应缴纳的个人所得税税额。

项目七

其他税种

内容概要

1.城市维护建设税（简称城建税），是对从事工商经营，缴纳增值税、消费税的单位和个人征收的一种税。

2.城建税的纳税人，是指负有缴纳增值税、消费税义务的单位和个人。任何单位或个人，只要缴纳增值税、消费税中的一种，就必须缴纳城建税。

城建税按纳税人所在地的不同，设置了三档地区差别比例税率：纳税人所在地为市区的，税率为7%；纳税人所在地为县城、镇的，税率为5%；纳税人所在地不在市区、县城或者镇的，税率为1%。

3.城建税的计税依据是纳税人实际缴纳的增值税、消费税税额之和，即实际缴纳的增值税和消费税税额之和。

城建税的计算方法：

应纳税额=（实际缴纳的增值税+实际缴纳的消费税）×适用税率

4.教育费附加是为了增加教育经费，发展地区教育，对缴纳增值税、消费税的单位和个人，以其实际缴纳的增值税、消费税税额为计算依据而征收的一种专项收入。

教育费附加的纳费义务人为缴纳增值税、消费税的单位和个人。

教育费附加的征税范围只包括城市、县城、建制镇和工矿区。

现行教育费附加率为3%。

教育费附加的计算方法：

应缴教育费附加额=（实际缴纳的增值税+实际缴纳的消费税）×教育费附加率

教育费附加的缴纳地点、缴纳环节、缴纳期限与城建税相同。

5.房产税是以房屋为征税客体，按照房屋的价值或房屋租金向产权所有人或经营管理人等征收的一种税。

房产税的计算方法有以下两种：

（1）从价计征的房产税按房产原值一次减除一定比例后的余值计算。其计算公式为：

年应纳税额=应税房产账面原值×（1-扣除比例）×1.2%

（2）从租计征的房产税按租金收入计算，其计算公式为：

年应纳税额=年租金收入×12%（或4%）

6.城镇土地使用税是对在城市、县城、建制镇和工矿区使用土地的单位和个人，以其实际占用的土地面积为计税依据，按照规定的税额征收的一种税。

城镇土地使用税是以纳税人实际占用土地的面积和适用税额计算。计算公式为：

（全年）应纳税额=实际占用应税土地面积（平方米）×适用税额

7.契税是在境内办理土地、房屋所有权转移登记时，向承受单位和个人征收的一种税。契税应纳税额的计算公式为：

应纳税额=计税依据×税率

8.印花税是对经济活动和经济交往中书立、使用、领受应税凭证的单位和个人征收的一种税。

印花税税额的计算分别采用从价定率和从量定额两种方法：

（1）从价定率计征的印花税应纳税额的计算公式为：

应纳税额=应税凭证计税金额×适用税率

（2）从量定额计征的印花税应纳税额的计算公式为：

应纳税额=凭证数量×单位税额

9.车辆购置税是在我国境内，对购置应税车辆征收的一种税。车辆购置税实行从价定率、价外征收的方法计征，计算公式为：

应纳税额=计税价格×税率

10.车船税是对在中华人民共和国境内的车辆、船舶的所有人或者管理人征收的一种税。车船税实行从量计征的方法，计算公式为：

应纳税额=计税数量×单位税额

任务与目标

1.熟悉每一个税种的纳税义务人、征税范围、税率、优惠政策、纳税地点和纳税期限等基本构成要素。

2.熟练掌握每一个税种应纳税额的计算。

3.了解每一个税种的纳税申报程序。

重点、难点

1.每一个税种的征税对象与税率。

2.每一个税种应纳税额的计算。

知识归纳

1.城建税与教育费附加归纳对比表（见表7-1）。

2.房产税的征税范围。

（1）从地理位置上：房产税的征税范围是城市、县城、建制镇和工矿区内的房屋，不包括农村。

表7-1　　　　　　　　　　　城建税与教育费附加归纳对比表

项目	内容	
	城建税	教育费附加
纳税人	负有缴纳增值税、消费税义务的单位和个人	同"城建税"
征税范围	在全国范围内征收，包括城市、县城和镇及城镇以外的地区	城市、县城、建制镇和工矿区，不包括农村
税率	（1）纳税人所在地为市区的，税率为7%； （2）纳税人所在地为县城、镇的，税率为5%； （3）纳税人所在地不在市区、县城或者镇的，税率为1%	现行教育费附加率为3%
计税依据	纳税人实际缴纳的增值税、消费税税额之和	同"城建税"
计算方法	应纳税额=（实际缴纳的增值税+实际缴纳的消费税）×适用税率	应缴教育费附加额=（实际缴纳的增值税+实际缴纳的消费税）×教育费附加率
申报缴纳 纳税环节	纳税人缴纳增值税、消费税的环节	同"城建税"
申报缴纳 纳税地点	纳税人缴纳增值税、消费税的地点： （1）代征代扣增值税、消费税的单位和个人，其城建税的纳税地点在代征代扣地； （2）对流动经营无固定纳税地点的单位和个人，应随同增值税、消费税在经营地按适用税率缴纳	同"城建税"
申报缴纳 纳税期限	与缴纳增值税、消费税的纳税期限一致	同"城建税"

（2）从征税对象上：指房产。但独立于房屋的建筑物，如围墙、暖房、水塔、烟囱、室外游泳池等不属于房产。

3.房产税的税收减免。

（1）国家机关、人民团体、部队自用的房产。

（2）由国家财政部门拨付事业经费的单位自用的房产。

（3）宗教、寺庙、公园、名胜古迹自用的房产。

（4）个人所有非营业用的房产。

（5）财政部、国家税务总局批准免征税的房产。

4.房产税纳税义务发生的时间（见表7-2）。

5.城镇土地使用税的纳税人。

城镇土地使用税以拥有土地使用权的单位和个人为纳税人。

拥有土地使用权的纳税人不在土地所在地的，由代管人或实际使用人纳税。

土地使用权属于未确定或权属纠纷未解决的，由实际使用人缴纳。

表7-2 　　　　　　　　　　　　　　　　房产税纳税义务发生的时间

项目	纳税义务发生的时间
纳税人将原有房产用于生产经营	从生产经营之月起
纳税人自行新建房屋用于生产经营	从建成之次月起
纳税人委托施工企业建设的房屋	从办理验收手续之次月起
纳税人购置新建商品房	自房屋交付使用之次月起
纳税人购置存量房	自办理房屋权属转移、变更登记手续，房地产权属登记机关签发房屋权属证书之次月起
纳税人出租、出借房产	自交付出租、出借本企业房产之次月起
房地产开发项目自用、出租、出借本企业建造的商品房	自房屋使用或交付之次月起

　　土地使用权共有的，由各方按其实际使用的土地面积占总面积的比例，分别计算缴纳土地使用税。

　　6.城镇土地使用税的征税范围。

　　城镇土地使用税在城市、县城、建制镇和工矿区征收。城市、县城、建制镇、工矿区的具体征税范围，由各省、自治区、直辖市人民政府规定。

　　7.城镇土地使用税的减免。

　　《城镇土地使用税暂行条例》规定，下列土地可免税：

　　（1）国家机关、人民团体、军队自用的土地。

　　（2）由国家拨付事业经费的单位自用的土地。

　　（3）宗教寺庙、公园、名胜古迹自用的土地。

　　（4）市政街道、广场、绿化带等公共用地。

　　（5）直接用于农、林、牧、渔业的生产用地。

　　（6）开山填海整治的土地和改造的废弃土地，从使用的月份起免缴土地使用税5～10年。

　　（7）由财政部另行规定免税的能源、交通、水利设施用地等。

　　8.城镇土地使用税纳税义务发生的时间（见表7-3）。

　　9.契税的征税范围。

　　契税的征税对象是发生土地使用权和房屋所有权权属转移的土地和房屋。具体征税范围包括：

　　（1）国有土地使用权出让。

　　（2）土地使用权的转让。

　　（3）房屋买卖。

　　（4）房屋赠与。

　　（5）房屋交换。

表 7-3 城镇土地使用税纳税义务发生的时间

项目	纳税义务发生的时间
纳税人购置新建商品房	自房屋交付使用之次月起
纳税人购置存量房	自办理房屋权属转移、变更登记手续，房地产权属登记机关签发房屋权属证书之次月起
纳税人出租、出借房产	自交付出租、出借房产之次月起
房地产开发企业自用、出租、出借本企业建造的商品房	自房屋使用或交付之次月起
纳税人新征用的耕地	自批准征用之日起满一年时起
纳税人新征用的非耕地	自批准征用次月起

（6）以特殊方式转移土地、房屋权属。

10. 契税的计税依据（见表 7-4）。

表 7-4 契税的计税依据

项目	计税依据
国有土地使用权出让、土地使用权出售、房屋买卖	成交价格
土地使用权赠与、房屋赠与	征收机关参照土地使用权出售、房屋买卖的市场价格核定
土地使用权交换、房屋交换	所交换的土地使用权、房屋的价格的差额（明显不合理并且无正当理由的，由征收机关参照市场价格核定）
以划拨方式取得土地使用权的，经批准转让房地产时	补缴的土地使用权出让费用或者土地收益

11. 契税的减免税优惠。

根据现行《契税暂行条例》规定，契税减免主要有：

（1）国家机关、事业单位、社会团体和军事单位承受土地、房屋用于办公、教学、医疗、科研和军事设施的，免征契税。

（2）城镇职工按规定第一次购买公有住房的，免征契税；免税范围只限经当地住房制度改革领导小组批准出售的公有住房，并且在国家规定住房面积以内，按标准价（或者成本价）购买的公有住房。

（3）因不可抗力灭失住房而重新购买住房的，酌情给予减征或者免征契税。

（4）土地、房屋被县级以上人民政府征用（占用）后，重新承受土地、房屋权属，其成交价格没有超出补偿费的，免征契税；超出补偿费的部分，经县级以上征收机关批准可酌情给予减征或者免征契税。

（5）驻华使领馆购买的馆舍及职业领馆馆长官邸，免征契税；对驻华使领馆为工作人员和职业领馆馆长以外的其他代表派遣国的领事人员承受土地、房屋权属，由外交部提供我国与他国的双边协定或者领事条约中有关我国驻他国使领馆购买房地产享受免税的证明，报经财政部批准，免征契税。

（6）财政部规定的其他减征、免征契税项目。

12.契税纳税义务发生时间。

根据现行《契税暂行条例》规定，契税的纳税义务发生时间为纳税人签订土地、房屋权属转移合同的当天，或者纳税人取得其他具有土地、房屋转移合同性质凭证的当天。

13.契税纳税地点。

纳税人应当自纳税义务发生之日起10日内，向土地、房屋所在地的契税征收机关办理纳税申报，并在契税征收机关核定的期限内缴纳税款。

14.房产税和契税比较（见表7-5）。

表7-5　　　　　　　　　　房产税和契税的比较

项目	房产税	契税
纳税人	房屋产权所有人	转移土地、房屋权属，承受的单位和个人
征税对象	房产	所有权发生转移的房产和使用权发生转移的土地
征税范围	城市、县城、建制镇和工矿区	国有土地使用权出让；土地使用权转让；房屋买卖；房屋赠与；房屋交换；以特殊方式转移土地、房屋权属
计税方式	从价计征或从租计征	从价计征

15.印花税的税目和税率（见表7-6）。

表7-6　　　　　　　　　　印花税的税目和税率

类别	税目	范围	税率	纳税人
合同	1.购销合同	包括供应、预购、采购、购销结合及协作、调剂、补偿、易货等合同	按购销金额0.3‰贴花	立合同人
	2.加工承揽合同	包括加工、定做、修缮、修理、印刷、广告、测绘、测试合同	按加工或承揽收入0.5‰贴花	立合同人
	3.建设工程勘察设计合同	包括勘察、设计合同	按收取费用0.5‰贴花	立合同人
	4.建筑安装工程承包合同	包括建筑、安装工程承包合同	按承包金额0.3‰贴花	立合同人
	5.财产租赁合同	包括租赁房屋、船舶、飞机、机动车辆、机械、器具、设备等合同	按租赁额1‰贴花。税额不足1元的按1元贴花	立合同人
	6.货物运输合同	包括民用航空、铁路、运输、海上运输、内河运输、公路运输和联运的合同	按运输费用0.5‰贴花	立合同人
	7.仓储保管合同	包括仓储、保管合同	按仓储保管费用1‰贴花	立合同人

类别	税 目	范 围	税率	纳税人
合同	8.借款合同	银行及其他金融组织和借款人（不包括银行同业拆借）所签订的借款合同	按借款金额0.05‰贴花	立合同人
	9.财产保险合同	包括财产、责任、保证、信用等保险合同	按收取保险费收入1‰贴花	立合同人
	10.技术合同	包括技术开发、转让、咨询、服务等合同	按所载金额0.3‰贴花	立合同人
书据	11.产权转移书据（含股权转让书据）	包括财产所有权和版权、商标专用权、专利权、专有技术使用权等转移书据	所载金额0.5‰贴花	立据人
		股票交易	按交易金额的1‰贴花	
账簿	12.营业账簿	生产经营账册	记载资金的账簿按实收资本和资本公积的合计金额0.5‰贴花；其他账簿按件贴花5元	立账簿人
证照	13.权利、许可证照	包括政府部门发给的房屋产权证、工商营业执照、商标注册证、专利证、土地使用证	按件贴花5元	领受人

16.车辆购置税征收范围表（见表7-7）

表7-7　　　　　　　　　　车辆购置税征收范围表

应税车辆	具体车辆	标准
汽车	各类汽车	
摩托车	轻便摩托车	最高设计时速不大于50km/h，发动机汽缸总排量不大于50cm³的两个或者三个车轮的机动车
	两轮摩托车	最高设计时速不大于50km/h，或者发动机汽缸总排量不大于50cm³的两个车轮的机动车
	三轮摩托车	最高设计时速不大于50km/h，或者发动机汽缸总排量不大于50cm³、空车重量不大于400kg的三个车轮的机动车
电车	无轨电车	以电能为动力，由专用输电电缆线供电的轮式公共车辆
	有轨电车	以电能为动力，在轨道上行驶的公共车辆
挂车	全挂车	无动力设备，独立承载，由牵引车辆牵引行驶的车辆
	半挂车	无动力设备，与牵引车辆共同承载，由牵引车辆牵引行驶的车辆
农用运输车	三轮农用运输车	柴油发动机，功率不大于7.4kW，载重量不大于500kg，最高车速不大于40km/h的三个车轮的机动车
	四轮农用运输车	柴油发动机，功率不大于28kW，载重量不大于1 500kg，最高车速不大于50km/h的四个车轮的机动车

17.车船税税目税率表（见表7-8）。

表7-8　　　　　　　　　　　　　　**车船税税目税额表**

税目		计税单位	年基准税额	备注
乘用车 ［按发动机汽缸容量（排气量）分档］	1.0升（含）以下的	每辆	60元至360元	核定载客人数9人（含）以下
	1.0升以上至1.6升（含）的		300元至540元	
	1.6升以上至2.0升（含）的		360元至660元	
	2.0升以上至2.5升（含）的		660元至1 200元	
	2.5升以上至3.0升（含）的		1 200元至2 400元	
	3.0升以上至4.0升（含）的		2 400元至3 600元	
	4.0升以上的		3 600元至5 400元	
商用车	客车	每辆	480元至1 440元	核定载客人数9人以上，包括电车
	货车	整备质量每吨	16元至120元	1.包括半挂牵引车、三轮汽车和低速载货汽车等； 2.挂车按照货车税额的50%计算
其他车辆	专业作业车	整备质量每吨	16元至120元	不包括拖拉机
	轮式专用机械车	整备质量每吨	16元至120元	
摩托车		每辆	36元至180元	
船舶	机动船舶	净吨位每吨	3元至6元	拖船、非机动驳船分别按照机动船舶税额的50%计算
	游艇	艇身长度每米	600元至2 000元	

18.各种税应纳税额的计算公式（见表7-9）。

表7-9　　　　　　　　　　　　　　**各税种应纳税额的计算公式**

税种		应纳税额的计算公式
房产税	从价计征	年应纳税额=应税房产账面原值×（1-扣除比例）×1.2%
	从租计征	年应纳税额=年租金收入×12%（或4%）
城镇土地使用税		（全年）应纳税额=实际占用应税土地面积（平方米）×适用税额
契税		应纳税额=计税依据×税率

续表

税种		应纳税额的计算公式
印花税	从价定率	应纳税额=应税凭证计税金额×适用税率
	从量定额	应纳税额=凭证数量×单位税额
车辆购置税	购买自用应税车辆	应纳税额=计税价格×税率 计税价格=含增值税的销售价格÷（1+17%） 　　　　=（全部价款+价外费用）÷（1+17%）
	进口自用应税车辆	应纳税额=计税价格×税率 计税价格=关税完税价格+关税+消费税
车船税	乘用车、摩托车和商用车（客车）	应纳税额=应税车辆数量×单位税额
	商用车（货车）	应纳税额=自重吨位数×单位税额
	机动船	应纳税额=净吨位数×单位税额
	游艇	应纳税额=艇身长度×单位税额

目标检测与实训

一、单项选择题

1.城建税的计税依据是（　　　）。

A.应缴纳的增值税和消费税税额

B.实际缴纳的增值税和消费税税额

C.实际缴纳的增值税和消费税税额及滞纳金

D.实际缴纳的增值税和消费税税额及教育费附加

2.关于城建税，下列表述中不正确的有（　　　）。

A.纳税人因违反增值税和消费税的有关规定而加收的滞纳金和罚款，不作为城建税的计税依据

B.纳税人在被查补增值税和消费税并被处以罚款时，应同时对城建税进行补税、征收滞纳金和罚款

C.海关对进口产品代征的增值税、消费税，不征收城建税

D.对出口产品退还增值税、消费税的，也要同时退还已经缴纳的城建税

3.某城市市区的纳税人当月实际缴纳增值税5万元、消费税2万元，则本月应缴纳（　　　）城建税。

A.4 000元　　　　　　　　B.800元　　　　　　　　C.4 900元　　　　　　　　D.5 000元

4.教育费附加的计税依据是（　　　）。

A.应缴纳的增值税和消费税税额

B.实际缴纳的增值税和消费税税额

C.实际缴纳的增值税和消费税税额及滞纳金

D.实际缴纳的城建税税额

5.某城市市区的纳税人当月实际缴纳增值税6万元、消费税1万元，则本月应缴纳（   ）教育费附加。

A.800元　　　　　　B.2 100元　　　　　　C.4 000元　　　　　　D.4 900元

6.（   ）不属于教育费附加的征收范围。

A.城市　　　　　　B.县城　　　　　　C.工矿区　　　　　　D.农村

7.纳税人经营自用的房屋缴纳房产税的计税依据是（   ）。

A.房屋原值　　　　B.房屋净值　　　　C.市场价格　　　　D.计税余值

8.下列有关房产税纳税人的表述中，不正确的是（   ）。

A.房屋产权出典的由承典人纳税

B.房屋出租的由承租人纳税

C.房屋产权未确定的由代管人或使用人纳税

D.产权人不在房屋所在地的由房屋代管人或使用人纳税

9.下列各项中，属于房产税征税对象的是（   ）。

A.农民住房　　　　　　　　　　B.海军自用房产

C.公办高中自用房屋　　　　　　D.国有企业所有的职工宿舍

10.某企业2017年自建办公楼一栋，账面原值6 000万元，已知当地政府规定的计算房产余值的扣除比例为20%。该企业2017年度自建的办公楼应缴纳房产税（   ）元。

A.240 000　　　　B.288 000　　　　C.336 000　　　　D.576 000

11.2017年，李某将面积为100平方米的住房出租，房产税的税率为（   ）。

A.按房租的4%　　　　　　　　B.按房租的12%

C.按房租的1.2%　　　　　　　D.按房屋余值的1.2%

12.城镇土地使用税的纳税人以（   ）的土地面积为计税依据。

A.自用　　　　　　　　　　B.拥有

C.实际占用　　　　　　　　D.被税务部门认定

13.某公司占用土地面积10 000平方米，经税务部门核定，该土地每平方米税额为6元，则该公司全年应缴纳的城镇土地使用税（   ）元。

A.100 000　　　　B.60 000　　　　C.50 000　　　　D.120 000

14.几个单位共同拥有一块土地使用权，则纳税人为（   ）。

A.单位主管机关　　　　　　　　B.税务机关核定的单位

C.其中实际占用土地面积最大的单位　　D.对这块土地拥有使用权的每一个单位

15.城镇土地使用税采用（   ）税率。

A.全区统一的税额　　　　　　　B.有幅度差别的比例

C.全省统一的定额　　　　　　　D.有幅度差别的定额税率

16.下列免征城镇土地使用税的有（   ）。

A宗教寺庙出租的土地　　　　　　B.军队自用土地

C.学校出租房屋   D.某商场占用土地

17.以下不属于契税征税范围的有（　　）。

A.房屋赠予   B.以获奖方式取得房屋

C.房屋出租   D.转让土地使用权

18.以下有关契税的说法中正确的有（　　）。

A.等价房屋交换双方都需缴纳契税

B.不等价交换房屋由收到差价方支付契税

C.不等价交换房屋由支付差价方支付契税

D.李某获奖一套房屋，由于未支付价款故不需要缴纳契税

19.下列行为中，不属于契税征税对象的是（　　）。

A.国有土地使用权出让   B.国有土地使用权的交换

C.农村集体土地承受经营权转移   D.出售国有土地使用权

20.张某自有三处住房，2017年将其中一处以50万元的价格销售给李某，将一处住房无偿赠送给其儿子，将一处价值80万元的住房与王某价值70万元的住房进行交换，王某支付补价10万元。针对上述应税行为，下列说法中正确的是（　　）。

A.张某应以50万元为计税依据计算缴纳契税

B.将房产赠送给其儿子，双方不用缴纳契税

C.交换住房的双方均应按换入房产价值缴纳契税

D.王某应当以10万元作为计税依据计算缴纳契税

21.房屋赠与缴纳契税的计税依据以（　　）核定。

A.协定价格   B.加成价格   C.市场价格   D.评估定价

22.下列应缴纳印花税的凭证是（　　）。

A.房屋产权证、工商营业执照、税务登记证、营运许可证

B.土地使用证、专利证、特许行业经营许可证、房屋产权证

C.商标注册证、卫生许可证、土地使用证、营运许可证

D.房屋产权证、工商营业执照、商标注册证、专利证、土地使用证

23.某企业2017年向汽车运输公司租入载重汽车4辆，双方签订的租赁合同中规定，4辆载重汽车的总价值为200万元，租期半年，租金18万元。该企业2017年应纳印花税为（　　）。

A.200元   B.180元   C.182元   D.218元

24.下列凭证应按5元定额缴纳印花税的是（　　）。

A.租赁合同   B.借款合同   C.专利证   D.购销合同

25.专利权转让合同应按照（　　）缴纳印花税。

A.技术合同   B.借款合同   C.产权转移书据   D.权利、许可证照

26.在书立经济合同中，（　　）为印花税纳税人。

A.当事人   B.担保人   C.证人   D.鉴定人

27.纳税人购买自用或者进口自用应税车辆，申报的计税价格低于同类型应税车辆的最低计税价格，又无正当理由的，按照（　　）征收车辆购置税。

A.最低计税价格　　　B.市场价格　　　　C.发票价格　　　　D.评估价格

28.下列车辆不需要缴纳车辆购置税的是（　　）。

A.电车　　　　　　　　　　　　　　B.消防部门警用车

C.农用运输车　　　　　　　　　　　D.小轿车

29.纳税人购买自用的应税车辆，应当自购买之日起（　　）内申报纳税。

A.30日　　　　　　B.60日　　　　　　C.90日　　　　　　D.15日

30.现行车辆购置税的税率为（　　）。

A.3%　　　　　　　B.5%　　　　　　　C.10%　　　　　　D.15%

31.纳税人购置应税车辆，应当向（　　）的主管税务机关申报缴纳。

A.车辆登记注册地　　　　　　　　　B.车辆使用地

C.纳税人居住地　　　　　　　　　　D.车辆购买地

32.车船税的纳税义务发生时间，为车船管理部门核发的车船登记证书或者行驶证书所记载日期的（　　）。

A.当日　　　　　　B.当月　　　　　　C.次日　　　　　　D.次日10日前

33.车船税的所有人或者管理人未缴纳车船税的，应当代为缴纳车船税的是（　　）。

A.车船所有人　　　　　　　　　　　B.车船使用人

C.车船承租人　　　　　　　　　　　D.税务机关认定的纳税人

34.关于车船税，小轿车的计税依据为（　　）。

A.购买价格　　　　B.辆　　　　　　C.净吨位　　　　　D.自重吨位

35.关于车船税的征收管理办法，说法不正确的是（　　）。

A.由经营机动车交通事故强制保险的保险机构代收代缴

B.纳税人按规定时间自行到税务机关缴纳，纳税人在购买"交强险"时已缴纳车船税
　的，不再申报纳税

C.购置的新车船，购置当年的应纳税额自纳税义务发生的次月起按月计算

D.车船税由地方税务机关负责征收，纳税地点为车船的登记地

36.游艇的计税依据是（　　）。

A.自重吨位　　　　B.净吨位　　　　　C.艇身长度　　　　D.辆

二、多项选择题

1.下列（　　）是城建税的计税依据。

A.实际缴纳的增值税　　　　　　　　B.实际缴纳的消费税

C.实际缴纳的企业所得税　　　　　　D.实际缴纳的关税

2.下列地区属于教育费附加的征收范围的是（　　）。

A.城市　　　　　　B.县城　　　　　　C.建制镇及工矿区　　D.农村

3.某一般纳税人位于城市市区，当月已纳增值税25万元、消费税5万元、所得税1万元。则本月应缴纳的城建税和教育费附加为（　　）。

A.城建税2.17万元　　　　　　　　　B.城建税2.1万元

C.教育费附加0.9万元　　　　　　　　D.教育费附加1.5万元

4.城建税率为地区差别税率，其可以是（　　）。

A.纳税人所在地适用税率

B.流动经营等无固定纳税地点的单位和个人，在经营地缴纳增值税和消费税的，按经营地适用税率计算缴纳城建税

C.受托方代征代扣增值税和消费税的，按委托方所在地适用税率

D.受托方代征代扣增值税和消费税的，按受托方所在地适用税率

5.根据房产税法律制度的规定，下列有关房产税纳税人的表述中，正确的有（　　　）。

A.产权属于国家所有的房屋，其经营管理单位为纳税人

B.产权属于集体所有的房屋，该集体单位为纳税人

C.产权属于个人所有的营业用房屋，该个人为纳税人

D.产权出典的房屋，出典人为纳税人

6.属于房产税的税率的有（　　　）。

A.1.2%　　　　　　　B.3%　　　　　　　C.5%　　　　　　　D.12%

7.对房产税纳税义务发生时间的规定，下列说法正确的有（　　　）。

A.购置新建商品房，自房屋交付使用之次月起计征房产税

B.纳税人自行新建房屋用于生产经营，从建成当月起，缴纳房产税

C.房屋卖出的当月仍应按规定缴纳房产税

D.房屋买入的当月即应按规定缴纳房产税

8.属于房产税的征税范围的有（　　　）。

A.城市　　　　　　　　　　　　　B.县城

C.建制镇和工矿区　　　　　　　　D.农村

9.下列属于免征房产税的有（　　　）。

A.人民团体自用的房产　　　　　　B.财政拨付经费的事业单位的业务用房

C.个人所有的非营业用房　　　　　D.宗教寺庙出租的住房

10.城镇土地使用税的纳税人包括（　　　）。

A.土地的实际使用人　　　　　　　B.土地的代管人

C.拥有土地使用权的单位和个人　　D.土地使用权共有的各方

11.城镇土地使用税的征税范围是（　　　）。

A.城市　　　　　　B.县城　　　　　　C.工矿区　　　　　　D.建制镇

12.城镇土地使用权拥有人不在土地所在地或土地使用权尚未确定的由（　　　）缴纳城镇土地使用税。

A.代管人　　　　　B.产权所有人　　　　C.实际使用人　　　　D.承典人

13.甲、乙双方发生房屋交换行为，甲方支付差价5万元，下列有关契税缴纳说法不正确的有（　　　）。

A.由甲方缴纳　　　　　　　　　　B.由乙方缴纳

C.由甲、乙双方各缴一半　　　　　D.甲、乙双方都不缴纳

14.契税的征收对象应具备的基本前提有（　　　）。

A.转移的客体是土地使用权和房屋所有权

B.权属客体必须发生转移

C.发生经济利益关系

D.农村集体土地承包经营权的转让是契税的征收对象

15.契税的征税对象包括（　　　）。

A.国有土地使用权出让 　　　　　　B.国有土地使用权转让

C.房屋出租 　　　　　　　　　　　　D.房屋交换

16.契税的计税依据有（　　　）。

A.房屋成交价格 　　　　　　　　　　B.房屋租金

C.房屋余值 　　　　　　　　　　　　D.房屋交换的差额

17.下列各项中，可以享受契税免税优惠的有（　　　）。

A.李教授获奖，取得商品房一套

B.军队承受房屋用于军事设施

C.王女士继承其父母的房屋

D.市民李某按规定第一次购买公有住房

18.下列各项属于印花税的纳税方法的有（　　　）。

A.自行贴花 　　　　B.汇贴或汇缴 　　　　C.委托代征 　　　　D.代扣代缴

19.下列各项中，应征收印花税的有（　　　）。

A.分包或转包合同 　　　　　　　　　B.会计咨询合同

C.土地使用权出让合同 　　　　　　　D.财政贴息贷款合同

20.记载资金的账簿，印花税计税依据是（　　　）两项的合计数。

A.注册资本 　　　　B.盈余公积 　　　　C.资本公积 　　　　D.实收资本

21.下列关于印花税征收管理的表述中，正确的有（　　　）。

A.印花税一般实行就地征收

B.印花税税率有比例税率和定额税率两种形式

C.印花税应当在书立或领受时贴花

D.营业账簿都应按件贴花5元

22.下列需缴纳车辆购置税的行为有（　　　）。

A.购买使用行为 　　B.进口使用行为 　　C.受赠使用行为 　　D.获奖使用行为

23.关于车辆购置税的纳税期限，下列说法正确的是（　　　）。

A.纳税人购买自用的应税车辆，应当自购买之日起60日内申报纳税

B.进口自用应税车辆，应当自进口之日起30日内申报纳税

C.自产、受赠、获奖和以其他方式取得并自用应税车辆的，应当自取得之日起60日内申报纳税

D.免税、减税车辆因转让、改变用途等原因不再属于免税、减税范围的，应当在办理车辆过户手续前或者办理变更车辆登记注册手续前缴纳车辆购置税

24.车辆购置税的计税依据是（　　　）。

A.计税价格=含增值税的销售价格÷（1+17%）

B.计税价格=（全部价款+价外费用）÷（1+17%）

C.进口车辆的计税价格=关税完税价格+关税+消费税

D.计税价格=全部价款+价外费用

25.根据车船税法的规定，下列车船属于应缴车船税的有（　　）。

A.私人拥有的汽车　　　　　　　　B.外商投资企业拥有的汽车

C.国有运输企业拥有的货船　　　　D.旅游公司拥有的客船

26.下列车船中，可享受车船税减免政策的有（　　）。

A.货运车船　　　　B.农用汽车　　　　C.警用车船　　　　D.捕捞用渔船

27.属于我国车船税计税依据的有（　　）。

A.辆　　　　　　　B.容积　　　　　　C.净吨位　　　　　D.自重吨位

三、判断题

1.任何单位或个人，只要缴纳增值税和消费税中的一种，就必须缴纳城建税。

（　　）

2.城建税按纳税人所在地的不同，适用的税率不同。　　　　　　　　　（　　）

3.城建税的征税范围不包括农村。　　　　　　　　　　　　　　　　　（　　）

4.城建税属于地方税。　　　　　　　　　　　　　　　　　　　　　　（　　）

5.城建税的适用税率，一般按纳税人所在地的适用税率执行。　　　　　（　　）

6.只要退还增值税和消费税就应退还城建税。　　　　　　　　　　　　（　　）

7.城市、县城、建制镇和工矿区、农村是房产税的开征范围。　　　　　（　　）

8.单位与免税单位共用的房屋，应由纳税单位统一纳税。　　　　　　　（　　）

9.寺庙自用的房产免税，但其出租或用于经营的房产应征税。　　　　　（　　）

10.室外游泳池不属于房产税征税范围。　　　　　　　　　　　　　　　（　　）

11.市、县城、建制镇和工矿区范围内使用房产的单位都应按规定缴纳房产税。

（　　）

12.凡在中国境内拥有土地使用权的单位和个人，均应依法缴纳城镇土地使用税。

（　　）

13.公园、名胜古迹内的索道公司经营用地，应按规定缴纳城镇土地使用税。（　　）

14.各省、自治区、直辖市人民政府可根据市政建设情况和经济繁荣程度在规定税额幅度内，确定所辖地区城镇土地使用税的适用税额幅度。　　　　　（　　）

15.纳税人购置新建商品房，自房屋交付使用之当月起，缴纳城镇土地使用税。

（　　）

16.契税的征税范围不包括农村。　　　　　　　　　　　　　　　　　（　　）

17.纳税人在签订土地、房屋权属转移合同的当天为纳税义务发生时间。（　　）

18.契税的纳税人是在我国境内承受土地、房屋权属转移的单位和个人。（　　）

19.房地产成交价格明显低于市场价格并无正当理由的，应由征收机关参照市场价格核定，确定契税的计税依据。　　　　　　　　　　　　　　　　（　　）

20.不记载金额的营业账簿，以账簿的件数为计税依据缴纳印花税。　　（　　）

21.财产所有人将财产捐赠给政府、社会福利单位、学校所立的书据免纳印花税。

（　　）

22.印花税适用的税率为比例税率。　　　　　　　　　　　　　　　　（　　）

23.有些合同，在签订时无法确定计税金额，可先按定额5元贴花，以后结算时再按实际金额计税。 （　　）

24.甲、乙、丙三方共同签订的应税合同，由甲方计算缴纳印花税。 （　　）

25.每辆车只征一次车辆购置税。 （　　）

26.轻便摩托车不属于车辆购置税的征税范围。 （　　）

27.自产自用的车辆无须缴纳车辆购置税。 （　　）

28.某企业2017年10月从境内购进小轿车1辆，不含税价格为50万元，另支付提货费1万元（不含税），则该公司应缴纳的车辆购置税为5.1万元。 （　　）

29.纳税人自产、受赠、获奖和以其他方式取得并自用应税车辆的计税价格，由征收机关参照国家税务总局规定的最低计税价格核定。 （　　）

30.车船税的征税范围可分为车辆和船舶两大类。 （　　）

31.车船的所有人或者管理人未缴纳车船税的，使用人应当代为缴纳车船税。 （　　）

32.购置的新车船，购置当年的应纳税额自纳税义务发生的当月起按月计算。 （　　）

33.非机动驳船免征车船税。 （　　）

34.从事机动车交通事故责任强制保险业务的保险机构为机动车车船税的扣缴义务人。纳税人应当在购买机动车交通事故责任强制保险的同时缴纳车船税。 （　　）

四、实训题

1.某化妆品厂（地处县城），2017年8月销售化妆品取得不含税销售额1 000万元，假设当期无其他业务，增值税税率为17%，消费税税率为30%。

要求：请计算该厂当月应纳城建税。

2.某木制品加工厂为增值税一般纳税人，设立于农村，2017年7月销售木制一次性筷子取得不含税收入150 000元，当月向农民收购原木支付价款100 000元，采购辅料取得增值税专用发票注明税款为3 400元。已知木制一次性筷子的消费税税率为5%，适用增值税税率为17%。

要求：请计算该加工厂2017年7月应纳增值税、消费税、城建税。

3.米其林轮胎有限公司位于上海市市区，为增值税一般纳税人，适用增值税税率为17%，消费税税率为3%，2017年9月有关生产经营业务如下：

（1）销售A型轮胎给大众汽车4S店，开具增值税专用发票，取得不含税销售额1 000 000元。

（2）销售B型轮胎给汽车修理厂，开具普通发票，取得含税销售额234 000元。

（3）购进原材料取得增值税专用发票，注明增值税税款51 000元，另外，支付购货的运输费用30 000元，取得运输公司开具的货运增值税专用发票。

要求：请计算该企业2017年9月份应缴纳的增值税、消费税、城建税及教育费附加。

4.某企业拥有房产原值共计7 000万元，其中生产经营用房原值6 000万元、内部职工医院用房原值300万元、托儿所用房原值500万元、食堂用房原值200万元。当地政府规定计算房产余值的扣除比例为25%。

要求：请计算该企业应缴纳的房产税。

5.某市居民王某有两套住房，市场价值为200万元，2017年7月1日王某将其中一套价值 120 万元的住房出租给某企业办公,每月租金为 8 000 元,另一套自己居住。

要求:请计算当年王某应缴纳的房产税。

6.某企业 2017 年实际占用土地面积为 6 000 平方米,当地的城镇土地使用税为每平方米 5 元。

要求:请计算该企业应缴纳的城镇土地使用税。

7.某工业企业 2017 年占地面积为 20 000 平方米,其中坐落在一等土地的商场占地 15 000 平方米,坐落在四等土地的商品库房占地 5 000 平方米。

要求:请计算该企业年应纳城镇土地使用税税额。(城镇土地使用税年税额标准为:一等 15 元/平方米,四等 4 元/平方米)

8.李某 2017 年将一栋私有房屋出售给王某,成交价格为 80 万元。李某另将一处三室住房与张某交换成两处两室住房,张某支付换房差价款 5 万元,已知当地契税税率为 3%。

要求:请计算李某、王某、张某如何缴纳契税。

9.张某 2017 年拥有和使用的房产情况如下:(1)将 2010 年购入并居住的一套住房(购入价格 80 万元)以 90 万元转让给他人;(2)将一套二居室的住房出租,月租金 0.1 万元,当年共取得租金 1.2 万元;(3)参加一项有奖竞赛活动,获得一套市场价格为 50 万元的商品房。

要求:请计算张某在 2017 年应缴纳的契税和房产税。(当地核定的契税税率为 3%)

10.某企业与一运输公司签订了两份运输保管合同:第一份合同载明运输费用为 600 000 元;第二份合同中注明运输费用为 200 000 元,保管费为 100 000 元。

要求:请分别计算该企业第一份、第二份合同应缴纳的印花税税额。

11.某企业 2017 年 1 月开业,领受房屋产权证、工商营业执照、商标注册证、土地使用证各一件,订立转移专用技术使用权书据一件,所载金额 200 万元;订立产品销货合同一份,所载金额 500 万元;订立借款合同一份,所载金额 100 万元;订立财产保险合同一份,保险金额 4 万元。此外,企业营业账簿中资金账簿记载实收资本和资本公积两项合计金额为 800 万元;其他账簿 8 册。

要求:请计算该企业应纳的印花税。

12.张明 2017 年 11 月份,从上海大众汽车有限公司购买一辆小汽车(排量 2.0L)供自己使用,支付了含增值税税款在内的款项 117 000 元,另支付代收临时牌照费 300 元、代收保险费 790 元,支付购买工具件和零配件价款 3 100 元,车辆装饰费 4 000 元。所支付的款项均有上海大众汽车有限公司开具的"机动车销售统一发票"和有关票据。

要求:请计算张明应纳的车辆购置税。

13.某公司自有货车 8 辆,每辆整备质量 7 吨,商用大客车 2 辆(均为 12 座),小轿车 10 辆。(已知商用大客车单位税额 650 元/辆,货车单位税额 100 元/吨,小轿车单位税额 400 元/辆)

要求:请计算该公司当年应纳的车船税。

项目八

税收征收管理法律制度

内容概要

1.税收征收管理法律制度是我国税法法律体系的重要组成部分，它的主要作用是加强我国税收征收管理，规范税收征收和缴纳行为，保护纳税人的合法权益，保障国家税收收入的稳定，以此促进国家经济的发展和人民生活水平的提高。

2.税收征收管理，是指国家税务机关，在组织税收全过程中的工作环节、程序和方法；而税收征收管理法律制度，则是国家规定和调整税务机关和纳税义务人在征纳活动中的程序和责任的法律规范的总称。

税收征管是整个税收管理活动的中心环节，是以提高税收征管质量和效率为目标，将潜在的税源变为现实的财政收入的实现手段，也是贯彻国家产业政策，指导、监督纳税人正确履行纳税义务，发挥税收作用的重要措施的基础性工作。

税收征管的主要内容有税务管理、税款征收、税务检查以及相应的法律责任。其中，税务管理是基础，税款征收是重点，税务检查是手段，法律责任是保障。

任务与目标

1.认识税务管理的基本内容。了解税务管理、税务登记、账簿和凭证的管理以及纳税申报的相关内容。

2.掌握税款征收的基本内容。其主要包括税款征收的方式、税款征收的措施和税款的追缴与退还等内容。

3.熟悉税务检查及常见的税收法律责任。其主要包括税务检查的类型、职责、税收法律责任的主要内容和税务行政复议与诉讼。

重点、难点

1.税务登记和纳税申报的内容。

2.税款征收的措施。

3.违反税法所承担的法律责任。

知识归纳

1.税务管理的主要内容及分类（见表8-1）。

表8-1   税务管理的主要内容及分类

主要内容	分类
税务登记管理	设立税务登记
	变更税务登记
	外出经营报验登记
	注销税务登记
	停业、复业税务登记
账簿和凭证管理	账簿的设置管理
	对纳税人会计制度和处理办法的管理
	账簿、凭证的保存和管理
	发票的开具与管理
纳税申报	直接申报
	邮寄申报
	数据电文申报
	其他方式

2.税收征管法知识归纳（见表8-2）。

表8-2　　　　　　　　　　　　　税收征管法知识归纳

税务管理	税务登记	范围	从事生产经营的个体工商户、企业、事业单位
			除国家机关、个人和流动小商贩外的其他
		税务登记证的使用	必须： ①开立银行基本账户和存款账户，15日内将账号上报税务机关； ②领购发票
			应当： ①申请减、免、退税； ②办理延期申报、缴税； ③开具外出经营活动税收管理证明； ④办理停、歇业
		内容	设立： ①领取工商营业执照之日起30日内； ②提供工商营业执照、有关合同、组织机构代码、法定负责人（业主）的居民身份证和护照
			变更： ①工商变更——工商局变更后30日内； ②非工商变更——税务登记变更后30日内
			停业、复业： 定额定期征收方式的个体工商户停业前办理，时间≤1年
			注销登记： ①注销前先向税务机关申报； ②吊销营业执照； ③吊销之日起15日内向税务机关办理注销税务登记
		备案	领取税务登记证之日起15日内，将其财务、会计制度或会计办法报送税务机关备案
		扣缴义务人	法定扣缴义务发生之日起10日内
	发票管理	领购	①经办人身份证明、税务登记证、财务印章或发票专用章印模；审批后发给申领人发票领购簿； ②临时到外地经营：凭所在地税务机关证明，向经营地税务机关申领经营地发票； ③经营地税务机关可要求缴纳≤1万元的保证金，并限期缴销发票
		开具	任何单位和个人不得转接、转让、代开发票； 不得拆本使用发票；不得自行扩大专业发票使用范围
		保管	发票存根联和发票登记簿应当保存5年
			发票丢失，应于丢失当日书面报告税务机关，并在传播媒介上声明作废
		检查	税务机关需将已开具的发票调出检查时，应当向被查单位和个人开具《发票换票证》
			税务机关需要调出空白发票的，应当开具收据

续表

税务管理	发票管理	申报	①无应纳税款的,也应进行纳税申请; ②享受减免税的,也应进行纳税申报; ③办理延期的,应按上月实缴金额预缴税款,并在核准的延期内办理税款结算
			结算时,预缴税额>应纳税额的,税务机关需退还多缴税款,但不支付利息
			预缴税额<应纳税额的,税务机关补征少缴税款,但不加收滞纳金
			方式:直接、邮寄、数据电文、其他方式
税款征收	征收方式		查账:会计制度健全、正确计算应纳税额和履行纳税义务的纳税人
			查定:经营规模小、产品零星、账册不健全的小作坊和厂矿
			查验:财务制度不健全、生产经营不固定、流动性大的税源
			定期定额:规模小、无法设账、难以查账征收的个体工商户
税款征收措施	核定应纳税额		①依法可以不设置账簿的; ②依法应当设置但未设置账簿的; ③擅自销毁账簿或者拒不提供纳税资料的; ④虽设置账簿,但账目混乱或者成本资料、收入凭证、费用凭证残缺不全,难以查账的; ⑤发生纳税义务,未按照规定的期限办理纳税申报,经税务机关责令限期申报,逾期仍不申报的; ⑥纳税人申报的计税依据明显偏低,又无正当理由的
	缴纳、加收滞纳金		纳税期限届满次日至纳税人实缴或解缴税款之日为止 按滞纳税款的万分之五计算
	提供纳税担保		
	税收保全措施	范围	从事生产、经营的纳税人
			须有县级以上税务局局长批示
		措施	书面通知开户行冻结纳税人相当于应纳税款的存款
			扣押、查封纳税人价值相当于税款的商品、货物
	强制执行措施		书面通知开户行扣缴纳税人相当于应纳税款的存款
			扣押、查封纳税人价值相当于税款的商品、货物,以拍卖、变卖所得抵缴税款
			未缴纳的滞纳金同时强制执行
			处以不缴或少缴税款50%以上5倍以下的罚款

续表

税务行政复议和行政诉讼	范围	征税行为	先行政复议，后行政诉讼
		行政处罚等	罚款、没收财产和违法所得、停止出口退税（行政复议和行政诉讼均可，无顺序要求）
法律责任	偷税		①伪造、变造、隐匿；擅自销毁账簿及在账簿上多列或者不列、少列，或者经税务机关通知申报而拒不申报或进行虚假申报的；②50%以上5倍以下罚款
	逃税		①转移、隐匿；②50%以上5倍以下罚款
	抗税		①暴力、威胁；②1倍以上5倍以下

目标检测与实训

一、单项选择题

1.根据《税务登记管理办法》的规定，下列选项中不需要办理税务登记的有（　　）。
A.从事生产经营的事业单位
B.个体工商户
C.国家机关
D.企业在外地设立的分支机构和从事生产、经营的场所

2.纳税人被吊销营业执照，应当自营业执照被吊销之日起（　　），申报办理注销登记。
A.15日内　　　　B.30日内　　　　C.45日内　　　　D.60日内

3.纳税人到外县（市）从事生产经营活动的，应当向（　　）税务机关报验登记。
A.所在地　　　B.主管地　　　C.营业地　　　D.注册地

4.不符合发票开具要求的是（　　）。
A.填写发票应当使用中文　　　　B.开具发票时应按号顺序填开
C.开具发票时限、地点应符合规定　　D.可以自行拆本使用发票

5.下列各项中，不属于税收征收管理活动的是（　　）。
A.税务检查　　　B.税务管理　　　C.税款征收　　　D.工商登记

6.从事生产、经营的纳税人外出经营，在同一地累计超过（　　）天的，应当在营业地办理税务登记手续。
A.90　　　　B.180　　　　C.30　　　　D.15

7.从事生产、经营的纳税人应自领取营业执照之日起（　　）日内设置账簿。
A.15　　　　B.30　　　　C.60　　　　D.10

8.实行定期定额征收方式的个体工商户，需要停业的，应当在停业前办理停业登记，

纳税人的停业期限不得超过（　　）。

　　A.2年　　　　　　　　B.1年　　　　　　　　C.6个月　　　　　　　　D.3个月

　　9.纳税人不按照规定的期限申报办理、变更或者注销登记，税务机关应当向纳税人发出责令期限改正通知书，限期改正，逾期不改的处以（　　）罚款，情节严重的处以（　　）罚款。

　　A.2 000元以下，2 000元到10 000元　　　　B.2 000元以下，2 000元到20 000元

　　C.3 000元以下，5 000元到20 000元　　　　D.3 000元以下，3 000元到50 000元

　　10.国有铁路、国有航空企业和交通部门等单位使用的发票为（　　）。

　　A.增值税专用发票　　　　　　　　　　　B.行业发票

　　C.专用发票　　　　　　　　　　　　　　D.专业发票

　　11.下列各项中，属于开具发票时使用文字不正确的是（　　）。

　　A.使用中文

　　B.外资企业同时使用中文和外文

　　C.民族自治地方同时使用中文和民族文字

　　D.外资企业只使用中文

　　12.已开具的发票存根联和发票登记簿，应保存（　　）。

　　A.3年　　　　　　　　B.5年　　　　　　　　C.15年　　　　　　　　D.永久

　　13.根据《税收征收管理法实施细则》，邮寄申报以（　　）为实际申报日期。

　　A.寄出的邮戳日期　　　　　　　　　　　B.到达的邮戳日期

　　C.税务机关实际收到的日期　　　　　　　D.填制纳税申报表的日期

　　14.《税收征收管理法》规定，纳税人未按规定期限办理纳税申报和报送纳税资料，情节严重的，可以处以（　　）的罚款。

　　A.1 000元　　　　　　　　　　　　　　　B.2 000元以下

　　C.2 000元以上5 000元以下　　　　　　　D.2 000元以上10 000元以下

　　15.纳税人未按照规定期限缴纳税款的，税务机关除责令限期缴纳税款外，从滞纳税款之日起，按日加收滞纳税款（　　）的滞纳金。

　　A.千分之五　　　　　　B.千分之十　　　　　　C.万分之五　　　　　　D.万分之十

　　16.根据《税收征收管理法》规定，对经营规模大、会计制度健全、会计核算准确及能认真履行纳税义务的纳税人。税务机关可以采用的税款征收方式是（　　）。

　　A.查账征收　　　　B.查定征收　　　　C.查验征收　　　　D.定期定额征收

　　17.纳税人欠缴应纳税款，采取转移或隐匿财产的手段，妨碍税务机关追缴欠缴税款，由税务机关追缴其拒缴或少缴的税款滞纳金，并处以应缴纳税款（　　）的罚款。

　　A.30%以上3倍以下　　　　　　　　　　　B.50%以上3倍以下

　　C.50%以上5倍以下　　　　　　　　　　　D.1倍以上5倍以下

　　18.对纳税人拖欠税款的行为，税务机关按规定强制追缴其不缴或少缴的税款、滞纳金，并处拒缴税款（　　）罚款。

　　A.30%以上3倍以下　　　　　　　　　　　B.50%以上3倍以下

　　C.50%以上5倍以下　　　　　　　　　　　D.1倍以上5倍以下

19.纳税人以暴力、威胁的方法拒不缴纳税款，情节轻微，未构成犯罪的，有税务机关追缴其少缴或不缴的税款、滞纳金，并处拒缴税款（　　）的罚款。

A.30%以上3倍以下 　　　　　　　　　B.50%以上3倍以下

C.50%以上5倍以下 　　　　　　　　　D.1倍以上5倍以下

20.《税收征收管理法实施细则》规定，不在税收保全措施范围内的生活必需用品的单价是（　　）。

A.10 000元以下 　　　B.7 000元以下 　　　C.5 000元以下 　　　D.3 000元以下

二、多项选择题

1.税务登记的种类包括（　　）。

A.设立登记 　　　　　　　　　　　　B.停业、复业登记

C.外出经营报验登记 　　　　　　　　D.变更登记

2.下列应当办理税务登记的是（　　）。

A.国家机关 　　　　　　　　　　　　B.个体工商户

C.企业在外地设立的分支机构 　　　　D.个人

3.新办公司申报办理税务登记时，应向税务机关如实提供的证件和资料包括（　　）。

A.工商营业执照

B.公司章程

C.法定代表人或业主居民身份证、护照或者回乡证等其他合法证件

D.组织机构代码证书

4.纳税人在办理税务登记后，应当办理税务变更登记的情况是（　　）。

A.名称的变更

B.纳税人改变开户银行或账号、工商证照

C.经营地点迁出原登记的县市

D.改变生产经营范围

5.注销税务登记的适用范围是（　　）。

A.纳税人因故需要歇业

B.纳税人的法定代表人发生变更

C.纳税人被工商行政管理机关吊销营业执照

D.纳税人因住所、经营地点变更，涉及改变主管税务机关

6.下列属于税法规定的偷税手段的是（　　）。

A.伪造、变造账簿、记账凭证 　　　　B.隐匿擅自销毁账簿、记账凭证

C.进行虚假申报 　　　　　　　　　　D.以暴力拒不缴纳税款

7.税务检查主要包括（　　）。

A.重点检查 　　　B.专项检查 　　　C.分类检查 　　　D.集中检查

8.纳税人办理注销登记前，应该向税务机关提交相关证明文件和资料，并结清（　　），缴销发票，税务登记证件。

A.应纳税款 　　　　　　　　　　　　B.多退（免）税款

C.滞纳金 　　　　　　　　　　　　　D.罚款

9.发票按其用途及反映的内容不同,可以分为 ( )。

A.增值税专用发票 B.普通发票 C.专业发票 D.保险凭证

10.下列票据中,属于专业发票的是 ( )。

A.保险发票 B.广告费用结算发票

C.商业批发统一发票 D.商品房销售发票

11.下列企业中,属于专业发票适用范围的有 ( )。

A.商品零售企业 B.国有邮政电信企业

C.国有广告企业 D.国有金融企业

12.下列关于发票表述不正确的是 ( )。

A.单位和个人在发生经营业务、确认收入的情况下,未发生经营业务也可开具发票

B.使用电子计算机开具发票,必须报主管税务机关批准,并使用税务机关统一监制的 机打发票

C.发生发票丢失情形时,应当于发现丢失当日书面报告税务机关,并登报声明作废

D.任何单位不得转借、转让发票,但可以代开发票

13.纳税申报的方法有 ( )。

A.直接申报 B.邮寄申报 C.电子申报 D.其他申报

14.纳税人有下列情形之一的,税务机关有权核定其应纳税额的是 ( )。

A.依法可以不设置会计账簿

B.有偷税、骗税前科的

C.纳税人申报的计税依据明显偏低,又无正当理由的

D.未按规定办理税务登记

15.下列关于税收保全的描述中正确的有 ( )。

A.书面通知纳税人开户银行或者其他金融机构冻结纳税人金额相当于应纳税款的 存款

B.书面通知其开户银行或者其他金融机构从其存款中扣缴税款

C.扣押、查封、依法拍卖或者变卖其价值相当于应纳税款的商品、货物或者其他财 产,以拍卖或者变卖所得抵缴税款

D.扣押、查封纳税人的价值相当于应纳税款的商品、货物或者其他财产

三、判断题

1.个人(包括个体户和自然人)只要发生应税行为都应办理税务登记。 ( )

2.纳税人办理停业的,停业期间不得超过6个月。 ( )

3.纳税人在办理注销税务登记前,应当向税务机关结清应纳税款、滞纳金、罚款,并 缴销发票,但其他税务登记证件不需要缴销。 ( )

4.在民族自治地区,填写发票可以使用当地通用的一种民族文字。 ( )

5.临时到本省、自治区、直辖市行政区域以内从事经营活动的单位和个人,应向经营 地税务机关申请领购经营地的发票。 ( )

6.增值税专用发票只限于增值税纳税人领购使用。 ( )

7.发票应当由收款方向付款方开具,不得由付款方向收款方开具。 ( )

8.根据《发票管理办法》规定，任何单位和个人不得拆本使用发票。（　　）

9.具有减免待遇的纳税人，在减免期间也应按规定办理纳税申报。（　　）

10.纳税人发生纳税义务，未按照税法规定的期限办理纳税申报，经税务机关责令限期申报，逾期仍未申报的，税务机关有权核定其应纳税额。（　　）

11.纳税人网上申报是数据电文申报的一种形式。（　　）

12.对擅自销毁账簿或拒不提供纳税资料的，税务机关有权核定应纳税额。（　　）

13.纳税人在纳税期间内没有应税款项的，也应该按照规定办理申报纳税。（　　）

14.根据《发票管理办法》规定禁止携带、邮寄、运输空白发票出入境。（　　）

15.纳税人被吊销营业执照的，应当自被吊销营业执照之日起15日内向经营地税务机关办理注销税务登记。（　　）

四、实训题

1.某市税务机关2017年7月12日在实施税务检查中发现，辖区内某小型超市自2017年5月办理工商营业执照以来，一直没有办理税务登记证，也没有申报纳税。根据检查情况，该超市应纳未纳税款4 000元。

要求：分析回答税务机关对该超市的违法行为如何处理，并说明理由。

2.2017年8月20日，某企业会计在翻阅本年度6月份账簿时，发现多缴税款10 000元，于是该企业向税务机关提出给予退还税款并加算银行同期存款利息的请求。

要求：分析回答税务机关是否应当给予退还。如果可以退还税款，应如何计算利息？为什么？

3.某税务机关2017年对本辖区纳税户的经营情况进行摸底后，决定对水产行业的定额进行适当调整，纳税户李某的定额由原来的20 000元调整为25 000元。李某不服，在同行业中散布谣言，并说其在8月底搬离此地，8月份的税款也不会缴。税务机关得知后，责令李某必须于8月29日前缴纳该月份税款。8月25日，税务机关发现李某已开始转移财产，税务机关责令李某提供纳税担保，李某拒不提供，随即税务机关书面通知李某的开户银行从其存款中扣缴本月应缴税款3 000元入库。

要求：分析回答税务机关的做法是否恰当，并简要说明理由。

项目一　税收基础知识

一、单项选择题

1.B　2.A　3.B　4.C　5.A　6.A　7.B　8.A　9.C　10.C　11.B　12.B

二、多项选择题

1.ABD　2.ABCD　3.ABC　4.AC　5.ABC　6.ABC　7.ABC　8.AB　9.ABD　10.ABC

三、判断题

1.√　2.√　3.×　4.×　5.√　6.√　7.×　8.√　9.×　10.×

项目二　增值税

一、单项选择题

1.B　2.C　3.D　4.B　5.C　6.B　7.C　8.D　9.A　10.B　11.C　12.B　13.B　14.D　15.A　16.D　17.A　18.D　19.D　20.A　21.A　22.C　23.D　24.B　25.D　26.D

二、多项选择题

1.ABC　2.AD　3.ABCD　4.ABCD　5.ABCD　6.ABC　7.CD　8.AB　9.AC　10.ACD　11.ABC　12.ABC　13.ABC　14.ACD　15.ABD　16.BCD　17.ABCD　18.ABCD　19.ACD　20.BCD　21.ABCD　22.ABCD

三、判断题

1.√　2.×　3.√　4.×　5.×　6.√　7.×　8.×　9.√　10.√　11.×　12.√　13.×　14.√　15.×　16.√　17.×　18.×　19.×　20.√

四、实训题

1.（1）销售啤酒的销项税额=500×100×17%=8 500（元）

（2）销售饼干的销项税额=2 000×50×17%＋585÷（1+17%）×17%=17 085（元）

2.（1）甲企业该业务的销项税额=200×80×17%=2 720（元）

（2）甲企业该业务的销项税额=200×65×（1+10%）×17%=2 431（元）

3.（1）当月的销项税额=200×3 000×17%+100 000×11%=113 000（元）

（2）当月的销项税额=（200×3 000+100 000）×17%=119 000（元）

4.销项税额=800×360×（1-20%）×17%=39 168（元）

5.该商场"以旧换新"方式销售冰箱业务的销项税额=100×3 000×17%=51 000（元）

6.当月可抵扣的进项税额=500 000×17%+20 000×11%+600 000×11%×60%+80 000×17%+90 000×11%+60 000×6%=153 900（元）

7.2017年3月应抵扣的该办公楼的进项税额=3800 000×11%×60%=250 800（元）

2018年3月应抵扣的该办公楼的进项税额=3800 000×11%×40%=167 200（元）

8.（1）该商场2017年3月的销项税额=300×3 600×17%+2 340÷（1+17%）×17%+200×80×（1+

10%）×17%=186 932（元）

（2）该商场2017年3月的可抵扣进项税额=960×300×17%−60×300×17%+80 000×11%+50 000×6%+30 000×11%=61 000（元）

（3）该商场2017年3月应缴纳的增值税税额=186 932−61 000=125 932（元）

9. 该学校2017年2月份应缴纳的增值税税额=123 600÷（1+3%）×3%=3 600（元）

10. 该公司进口商品应缴纳的增值税税额=（1 000+100+275）×17%=233.75（万元）

项目三 消费税

一、单项选择题

1.A　2.C　3.C　4.A　5.B　6.D　7.A　8.A　9.C　10.A　11.D　12.C　13.B　14.A　15.B　16.C　17.A　18.C　19.A　20.D　21.D　22.A　23.C　24.A　25.D　26.C　27.B　28.A　29.D　30.B　31.B　32.D　33.B　34.B　35.C

二、多项选择题

1.AD　2.ABC　3.ACD　4.AD　5.AD　6.ABC　7.ABD　8.ABCD　9.ACD　10.BCD　11.ACD　12.AC　13.ABD　14.AC　15.CD　16.ABCD　17.ABD　18.ABCD　19.BC　20.ABD

三、判断题

1.×　2.×　3.√　4.√　5.×　6.×　7.×　8.×　9.×　10.×　11.×　12.√　13.√　14.√　15.√　16.×　17.×　18.×　19.×　20.√　21.√　22.√　23.√　24.√　25.√　26.×　27.√　28.×　29.√　30.×

四、实训题

1. 该企业当月应纳消费税税额=（15+22）×15%=5.55（万元）

2. 当月该酒厂应纳消费税税额=260×250+340×220=139 800（元）

3. 应纳消费税=40×10%+5×0.27×（1+6%）÷（1−10%）×10%=4.159（万元）

4. 应纳消费税税额=[20 000×（1+10%）+5×2 000×0.5]÷（1−20%）×20%+5×2 000×0.5=11 750（元）

5. 乙企业应代收代缴的消费税税额=（50 000+16×800+2.25×800）÷（1−5%）×5%=3 400（元）

6. 该地板公司应缴纳的消费税税额=400×5%−300×5%×80%=8（万元）

7. 该烟酒批发公司当月应缴纳的增值税税额

=[250+（88.92+20.358）÷（1+17%）]×17%−35.598

=22.78（万元）

该烟酒批发公司当月应缴纳的消费税税额

=250×11%+88.92÷（1+17%）×11%+（5 000+2 000）×200×0.005÷10 000=36.56（万元）

8.（1）乙企业代收代缴的消费税=（10+2.6）÷（1−10%）×10%=1.4（万元）

（2）甲企业销售高尔夫球包应缴纳的消费税=0

委托加工收回的高尔夫球包已经在委托加工环节缴纳了消费税，收回后直接销售的不用再缴纳消费税。

（3）甲企业销售高尔夫球杆应缴纳的消费税=（40+10）×80÷40×10%−（20+11+8）×10%×90%=6.49（万元）

（4）甲企业可以抵扣的进项税额=1.7+0.442+3.4+1.87+1.36=8.772（万元）

甲企业当月的销项税额=[28+20×0.28+80÷40×（40+10）]×17%=22.712（万元）

甲企业当月应缴纳的增值税=22.712−8.772=13.94（万元）

项目四 关 税

一、单项选择题

1.C 2.A 3.D 4.D 5.D 6.C 7.C 8.B 9.A 10.C 11.B 12.B 13.A 14.A 15.C 16.D 17.C 18.C 19.A 20.B

二、多项选择题

1.ABCD 2.ABD 3.ABCD 4.ABC 5.ABC 6.BC 7.ABD 8.AB 9.ABCD 10.BD

三、判断题

1.√ 2.√ 3.× 4.√ 5.√ 6.× 7.√ 8.× 9.× 10.× 11.× 12.× 13.√ 14.× 15.×

四、实训题

1.关税完税价格=20+1+3+2=26（万元）

该批材料进口时应缴纳的关税=26×10%=2.6（万元）

2.该企业应缴纳的进口关税=（3×17+3.6）×25%=13.65（万元）

该企业应缴纳的消费税=（3×17+3.6+13.65）÷（1-9%）×9%=6.75（万元）

该企业应缴纳的增值税=（3×17+3.6+13.65）÷（1-9%）×17%=12.75（万元）

3.（1）进口高档散装化妆品 应缴纳的消费税 =（120+16）×（1+40%）÷（1-15%）×15%=33.6（万元）

进口高档散装化妆品应缴纳的增值税=（120+16）×（1+40%）÷（1-15%）×17%=38.08（万元）

（2）进口机器设备应缴纳的增值税=（35+5）×（1+20%）×17%=8.16（万元）

（3）该企业国内生产销售 环节应缴纳的增值税 =［290+51.48÷（1+17%）］×17%-38.08-8.16=10.54（万元）

（4）该企业国内生产销售环节应缴纳的消费税=［290+51.48÷（1+17%）］×15%-33.6=16.5（万元）

项目五 企业所得税

一、单项选择题

1.B 2.A 3.A 4.C 5.D 6.B 7.C 8.C 9.D 10.C 11.D 12.C 13.D 14.C 15.D 16.C 17.B 18.B 19.B 20.D 21.D 22.D 23.C 24.A 25.B 26.A 27.C 28.A 29.B 30.B

二、多项选择题

1.AB 2.ABC 3.ACD 4.ACD 5.AD 6.ABCD 7.BC 8.CD 9.CD 10.BC 11.CD 12.AB 13.ABD 14.AB 15.AC 16.ABD 17.ABCD 18.ABCD 19.BC 20.ABCD

三、判断题

1.√ 2.× 3.× 4.× 5.√ 6.√ 7.× 8.× 9.√ 10.√

四、实训题

1.（1）国债的利息收入5万元，免税；

（2）银行的利息收入属于征税范围，不属于调整项目。

所以在计算企业的应纳税所得额时5万元的国债利息收入应从利润总额中扣除，即：

应纳税所得额=105-5=100（万元）

应纳税额=100×25%=25（万元）

2.福利费：实际发生60万元，准予扣除限额为42万元（300×14%），超过扣除标准18

万元（60-42），不允许税前扣除，所以在计算应纳税所得额时应调增18万元。

工会经费：实际发生6万元，准予扣除限额为6万元（300×2%），没有超过标准，可以据实扣除。

职工教育经费：实际发生8万元，准予扣除限额为7.5万元（300×2.5%），超过扣除标准0.5万元（8-7.5），不允许税前扣除，所以在计算应纳税所得额时应调增0.5万元。

所以，公司2016年应调增应纳税所得额18.5万元（18+0.5）。

3.业务招待费的扣除额=60×60%=36（万元）

销售材料收入800万元、出租无形资产的收入200万元都属于其他业务收入。

业务招待费的最高扣除限额=（4 000+800+200）×5‰=25（万元）

因为36万元>25万元，所以业务招待费允许扣除额为25万元。

该企业当年业务招待费实际发生额为60万元，应调增应纳税所得额35万元（60-25）。

企业应纳税所得额=700+35=735（万元）

应缴纳的所得税税额=735×25%=183.75（万元）

4.业务招待费的扣除额=40×60%=24（万元）

销售材料收入1 000万元，属于其他业务收入；接受捐赠收入200万元，属于营业外收入，所以不计入营业收入。

业务招待费的最高扣除限额=（4 000+1 000）×5‰=25（万元）

因为25万元>24万元，所以业务招待费允许扣除额为24万元。

该企业当年业务招待费实际发生额为40万元，应调增应纳税所得额16万元（40-24）。

企业应纳税所得额=500+16=516（万元）

应缴纳的所得税税额=516×25%=129（万元）

5.企业当年的广告费扣除标准为不超过当年销售（营业）收入的15%，超过部分可以结转以后年度扣除。

当年准予扣除的广告费=（7 000+1 000）×15%=1 200（万元）

1 500万元>1 200万元，因此300万元（1 500-1 200）属于不可扣除的费用，应调增应纳税所得额。

应纳税所得额=500+300=800（万元）

应纳税额=800×25%=200（万元）

6.通过希望工程基金会捐赠的款项，属于公益性质的捐赠；通过镇政府（不满足县级以上政府的条件）捐赠的款项，不符合公益性捐赠的条件，在计算应纳税所得额时应予以调增。

按照规定捐赠允许扣除的限额是会计利润总额的12%以内的部分，超过部分不允许扣除。

捐赠扣除限额=500×12%=60（万元）

捐赠超过限额的部分=100-60=40（万元）

40万元不允许税前扣除，在计算应纳税所得额时应予以调增。

应纳税所得额=500+40+20=560（万元）

应纳税额=560×25%=140（万元）

7.2010年的亏损，要用2011至2015年的所得弥补，尽管2012年亏损了，也要占用5

年抵亏期的一个抵扣年度，且先亏先补，2012年的亏损需在2010年的亏损问题解决之后才能考虑。到了2014年，2010年的亏损还有20万元尚未弥补，所以2015年的30万元要先弥补2010年尚未弥补的20万元亏损，余下10万元，弥补2012年的亏损。2016年的60万元先弥补2012年尚未弥补的10万元亏损之后再缴纳所得税，即50万元（60-10）要计算纳税。

应纳所得税税额=50×25%=12.5（万元）

8.（1）运输费=4 680×10%÷（1+17%）=400（万元）

（2）年度利润总额=4 680+400-2 780-1 360-200=740（万元）

（3）企业发生的公益性捐赠支出在年度利润总额12%以内的部分，准予税前扣除。

捐赠扣除限额=740×12%=88.8（万元）

超过部分91.2万元（180-88.8）应予以纳税。

应纳税所得额=740+91.2=831.2（万元）

应纳所得税税额=831.2×25%=207.8（万元）

9.（1）广告费限额=（4 300+100）×15%=660（万元）

应调增的应纳税所得额=700-660=40（万元）

（2）业务招待费可抵扣额=45×60%=27（万元）

业务招待费限额=（4 300+100）×5‰=22（万元）

27万元>22万元，23万元（45-22）不得抵扣。

应调增的应纳税所得额=45-22=23（万元）

（3）财务费用：应调增的应纳税所得额=20-250×5.8%=5.5（万元）

（4）工会经费限额=270×2%=5.4（万元）

应调增的应纳税所得额=7.5-5.4=2.1（万元）

职工福利费限额=270×14%=37.8（万元）

应调增的应纳税所得额=41-37.8=3.2（万元）

职工教育经费限额=270×2.5%=6.75（万元）

应调增的应纳税所得额=9-6.75=2.25（万元）

（5）公益性捐赠应调增的应纳税所得额=75-422.38×12%=75-50.6856=24.31（万元）

10.（1）税收滞纳金罚款8万元属于税法不允许扣除的项目，所以应调增纳税；

（2）直接捐赠给某企业10万元不属于公益捐赠，所以应调增纳税；

（3）国库券利息收入20万元属于免税收入，所以应调减应纳税所得额。

应纳税所得额=800+8+10-20=798（万元）

应纳所得税税额=798×25%=199.5（万元）

11.利润总额=6 000-3 000-48-500-800-10-5=1 637（万元）

（1）赞助支出10万元，被环保部门罚款支出5万元都属于税法不允许扣除的项目，应调增应纳税所得额。

（2）2014年度、2015年的亏损额60万元和40万元按照规定可用2016年的利润弥补。

应纳税所得额=1 637+10+5-60-40=1 552（万元）

应纳税所得额=1 552×25%=388（万元）

12.（1）职工工会经费限额=391×2%=7.82（万元）

实际列支 7.82 万元，不需要调整。

职工福利费限额=391×14%=54.74（万元）

实际列支 58.65 万元，3.91 万元（58.65-54.74）属于税法不允许扣除的项目，应调增纳税。

职工教育经费限额=391×2.5%=9.775（万元）

实际列支 11.73 万元，1.955 万元（11.73-9.775）属于税法不允许扣除的项目，应调增纳税。

（2）业务招待费可抵扣额=6×60%=3.6（万元）

业务招待费抵扣限额=900×5‰=4.5（万元）

所以税法允许扣除 3.6 万元，实际列支 6 万元，2.4 万元（6-3.6）应调增纳税。

（3）折旧费用限额=400×8%+150×5%+50×4%=41.5（万元）

实际列支=600×10%=60（万元）

18.5 万元（60-41.5）属于税法不允许扣除的项目，应调增纳税。

（4）所得税前准予扣除的捐赠=300×12%=36（万元）

（5）应纳税所得额=300+3.91+1.955+2.4+18.5+（100-36）+10+5=405.765（万元）

（6）应纳所得税额=405.765×25%=101.44（万元）

应补缴所得税额=101.44-75=26.44（万元）

13.利润总额=1 000+30+30+50+30-300-10-160-40=630（万元）

（1）国债利息收入 30 万元免税，应调减应纳税额；

（2）取得直接投资于其他居民企业的红利收入 30 万元，属于免税收入，应调减应纳税额；

（3）税收罚款支出 5 万元、赞助支出 5 万元都属于税法不允许扣除的项目，应调增纳税。

应纳税所得额=630-30-30+5+5=580（万元）

应纳所得税额=580×25%=145（万元）

14.（1）年度利润总额=5 000+140-2 200-1 340-960-120-80-100=340（万元）

（2）广告费调增所得额=900-5 000×15%=900-750=150（万元）

（3）5 000×5‰=25（万元）

30×60%=18（万元）

25 万元>18 万元

业务招待费调增所得额=30-18=12（万元）

（4）捐赠支出应调增所得额=60-340×12%=19.2（万元）

（5）工会经费的扣除限额为 6 万元（300×2%），实际拨缴 6 万元，不需要调整；

职工福利费扣除限额为 42 万元（300×14%），实际发生 46 万元，应调增 4 万元（46-42）；

职工教育经费的扣除限额为 7.5 万元（300×2.5%），实际发生 10 万元，应调增 2.5 万元（10-7.5），三项经费总共调增 6.5 万元（4+2.5）。

（6）应纳税所得额=340+150+12+19.2+6.5+12=539.7（万元）

（7）2016 年应纳企业所得税税额=539.7×25%=134.925（万元）

15.（1）三项经费允许扣除的限额=140×（14%+2%+2.5%）=25.9（万元）

实际列支28万元，因此2.1万元（28-25.9）应调增纳税。

（2）借款利息允许扣除的限额=100×8%=8（万元）

实际列支12万元（100×12%），因此4万元（12-8）应调增纳税。

（3）利润总额=6 000+2 000+500-7 000=1 500（万元）

公益捐赠允许扣除的限额=1 500×12%=180（万元）

实际列支100万元，因此不需要调整。

（4）业务招待费可抵扣额=90×60%=54（万元）

业务招待费抵扣限额=（6 000+2 000）×5‰=40（万元）

40万元<54万元，允许扣除40万元，实际发生90万元，50万元（90-40）应调增纳税。

（5）赞助明星演唱会属于税法不允许扣除的费用，应调增纳税。

应纳税所得额=1 500+2.1+4+50+30=1 586.1（万元）

应纳企业所得税税额=1 586.1×25%=396.525（万元）

项目六　个人所得税

一、单项选择题

1.C　2.D　3.B　4.A　5.A　6.A　7.C　8.D　9.A　10.A　11.D　12.B　13.B　14.D　15.B　16.B　17.D　18.A　19.B　20.C

二、多项选择题

1.AC　2.ABD　3.BD　4.ACD　5.ABD　6.ABC　7.ABC　8.AD　9.AD　10.ABD　11.ABCD　12.ABC　13.ABD　14.ABCD　15.ACD　16.ABCD　17.AD

三、判断题

1.×　2.√　3.×　4.√　5.×　6.×　7.×　8.×　9.×　10.√　11.√　12.√　13.×　14.×　15.√　16.×　17.√　18.×　19.√　20.×　21.√　22.√　23.×　24.×　25.×　26.√　27.√　28.×　29.×　30.√

四、实训题

1.应纳税所得额=8 500-1 000-3 500=4 000（元）

应纳个人所得税税额=4 000×10%-105=295（元）

2.12月工资缴税：（3 800-3 500）×3%=9（元）

由于3 800元的工资薪金已经超过了3 500元的费用扣税标准，所以全年一次性奖金应该全额纳税。计算过程如下：

商数=10 800÷12=900（元）

全年一次性奖金缴税：10 800×3%=324（元）

12月份应缴纳的个人所得税：9+324=333（元）

3.12月工资3 300元<费用扣除标准3 500元，所以不交税；

全年一次性奖金缴税：由于当月的工资3 300元<费用扣除标准3 500元，可从其取得的奖金收入48 200元中拿出200元（3 500-3 300）补足3 500元的差额，剩余48 000元除以12个月，得出月均收入4 000元，其对应的税率和速算扣除数分别为10%和105元。具

体计算公式为：

应纳税所得税额=48 200-（3 500-3 300）=48 000（元）

商数=48 000÷12=4 000（元）

应纳个人所得税税额=48 000×10%-105=4 695（元）

4.按照个人所得税法的规定：全勤奖和半年奖都应当视同当月的工资薪金。

12月工资缴税：（2 800+1 200+2 000-3 500）×10%-105=145（元）

由于当月的工资薪金已经超过了3 500元的费用扣税标准，所以全年一次性奖金应该全额纳税。计算过程如下：

商数=48 000÷12=4 000（元）

对应的税率为10%，速算扣除数为105。

全年一次性奖金缴税：48 000×10%-105=4 695（元）

12月份应缴纳的个人所得税：145+4 695=4 840（元）

5.（1）全年应纳税所得额=350 000-150 000-10 000-3 500×12=148 000（元）

（2）全年应缴纳个人所得税=148 000×35%-14 750=37 050（元）

6.产品设计取得的报酬属于劳务报酬。

应纳个人所得税=50 000×（1-20%）×30%-2 000=10 000（元）

7.装饰设计所得应纳税额=（3 000-800）×20%=440（元）

装潢劳务所得应纳税额=40 000×（1-20%）×30%-2 000=7 600（元）

个人应缴纳的所得税额=440+7 600=8 040（元）

8.稿酬所得应纳个人所得税=12 000×（1-20%）×20%×（1-30%）=1 344（元）

9.（1）个人出版著作，加印该作品应合并稿酬所得按照一次计征个人所得税：

（8 000+4 000）×（1-20%）×20%×（1-30%）=1 344（元）

（2）同一作品连载应视为一次收入计征个人所得税：

（1 000+1 500-800）×20%×（1-30%）=238（元）

应缴纳的个人所得税税额=1 344+238=1 582（元）

10.应纳税所得额=220 000-180 000-15 000=25 000（元）

应缴纳的个人所得税税额=25 000×20%=5 000（元）

11.（1）50 000×30%=15 000（元）

20 000元>15 000元，所以钱某的捐赠只能按照15 000元扣除。

（2）应纳税所得额=50 000-15 000=35 000（元）

（3）应纳税额=35 000×20%=7 000（元）

（4）钱某实际可得中奖金额=50 000-20 000-7 000=23 000（元）

12.税法规定，自2001年1月1日起，对个人出租房屋取得的所得暂减按10%的税率征收个人所得税。

应缴纳的个人所得税税额=（3 000-800-800）×10%=140（元）

维修费100元（900-800）留待3月份继续抵扣。

13.（1）工资、薪金所得应纳税额=（6 000+500-3 500）×10%-105=195（元）

全年一次性奖金应纳税额：

商数=12 000÷12=1 000（元）

税率为3%，速算扣除数为0；

全年一次性奖金应纳税额=12 000×3%=360（元）

（2）中奖所得应缴纳的个人所得税=200 000×20%=40 000（元）

（3）设计收入属于劳务报酬所得。

应缴纳的个人所得税=15 000×（1−20%）×20%=2 400（元）

（4）对于个人出租住房取得的所得暂减按10%的税率征收个人所得税。

租金收入应缴纳的个人所得税=（2 700−800）×10%=190（元）

赵某当月应缴纳的个人所得税=195+360+40 000+2 400+190=43 145（元）

14.（1）1月取得的单位支付的报酬属于工资、薪金所得。

1月份工资、薪金所得应纳税额=（4 500+5 000−3 500）×20%−555=645（元）

2—12月工资、薪金所得应纳税额=（4 500−3 500）×3%×11=330（元）

（2）利息收入免税。

（3）12 000元为劳务报酬所得。

商数=12 000÷3=4 000（元）

应缴纳的个人所得税=（4 000−800）×20%×3=1 920（元）

（4）稿酬所得应纳税额=20 000×（1−20%）×20%×（1−30%）=2 240（元）

当年应缴纳的个人所得税=645+330+1 920+2 240=5 135（元）

15.（1）每月工资、薪金所得应纳税额=（5 500−3 500）×10%−105=95（元）

工资、薪金所得全年应纳个人所得税=95×12=1 140（元）

（2）特许权使用费应纳个人所得税=50 000×（1−20%）×20%=8 000（元）

（3）稿酬所得应纳个人所得税=12 000×（1−20%）×20%×（1−30%）=1 344（元）

（4）租金应纳个人所得税=（3 000−800）×20%×12=5 280（元）

（5）省政府颁发的科技发明奖20 000元免税，国债利息收入900元也是免税的。

张某2016年应纳个人所得税=1 140+8 000+1 344+5 280=15 764（元）

项目七　其他税种

一、单项选择题

1.B　2.D　3.C　4.B　5.B　6.D　7.D　8.B　9.D　10.D　11.A　12.C　13.B　14.D
15.D　16.B　17.C　18.C　19.C　20.D　21.C　22.D　23.B　24.C　25.C　26.A　27.A　28.B
29.B　30.C　31.A　32.B　33.B　34.B　35.C　36.C

二、多项选择题

1.AB　2.ABC　3.BC　4.ABD　5.ABC　6.AD　7.AC　8.ABC　9.ABC　10.ABCD
11.ABCD　12.AC　13.BCD　14.ABC　15.ABD　16.AD　17.BCD　18.ABC　19.AC
20.CD　21.ABC　22.ABCD　23.ACD　24.ABC　25.ABCD　26.CD　27.ACD

三、判断题

1.√　2.√　3.×　4.√　5.√　6.×　7.×　8.×　9.√　10.√　11.×　12.×　13.√　14.√
15.×　16.×　17.√　18.√　19.√　20.√　21.√　22.×　23.√　24.×　25.√　26.×　27.√
28.√　29.√　30.√　31.√　32.√　33.×　34.√

四、实训题

1.（1）应纳增值税=1 000×17%=170（万元）

（2）应纳消费税=1 000×30%=300（万元）

（3）该化妆品厂地处县城，适用的城建税税率为5%，因此：

应纳城建税=（170+300）×5%=23.5（万元）

2．（1）增值税：

销项税额=150 000×17%=25 500（元）

进项税额=100 000×13%+3 400=16 400（元）

应纳增值税=25 500－16 400=9 100（元）

（2）应纳消费税=150 000×5%=7 500（元）

（3）纳税人设立于农村，适用的城建税税率为1%，因此：

应纳城建税=（9 100+7 500）×1%=166（元）

3．（1）增值税：

销项税额=1 000 000×17%+234 000÷（1+17%）×17%=204 000（元）

进项税额=51 000+30 000×11%=54 300（元）

应纳增值税=204 000－54 300=149 700（元）

（2）应纳消费税=［1 000 000+234 000÷（1+17%）］×3%=36 000（元）

（3）该公司位于市区，适用的城建税税率为7%，因此：

城建税=（149 700+36 000）×7%=12 999（元）

（4）教育费附加=（149700+36 000）×3%=5 571（元）

4．企业办的各类学校、医院、托儿所、幼儿园自用的房产免征房产税。

应纳房产税=（7 000－300－500）×（1－25%）×1.2%=55.8（万元）

5．王某应纳房产税=8 000×6×4%=1 920（元）

6．应纳城镇土地使用税=6 000×5=30 000（元）

7．应纳城镇土地使用税=15 000×15+5 000×4=245 000（元）

8．李某不需缴纳契税。

王某应纳契税=800 000×3%=24 000（元）

张某应纳契税=50 000×3%=1 500（元）

9．张某应纳契税=500 000×3%=15 000（元）

张某应纳房产税=12 000×4%=480（元）

10．（1）第一份合同应纳印花税税额=600 000×0.5‰=300（元）

（2）第二份合同应纳印花税税额=200 000×0.5‰+100 000×1‰=200（元）

11．（1）领受权利许可证照4件：应纳印花税税额=4×5=20（元）

（2）产权转移证书：应纳印花税税额=2 000 000×0.5‰=1 000（元）

（3）销售合同：应纳印花税税额=5 000 000×0.3‰=1 500（元）

（4）借款合同：应纳印花税税额=1 000 000×0.05‰=50（元）

（5）财产保险合同：应纳印花税税额=40 000×1‰=40（元）

（6）资金账簿：应纳印花税税额=8 000 000×0.5‰=4 000（元）

（7）其他账簿8册：应纳印花税税额=8×5=40（元）

该企业应纳印花税税额=20+1 000+1 500+50+40+4 000+40=6 650（元）

12．（1）计税依据=（117 000+300+790+3 100+4 000）÷（1+17%）=107 000（元）

（2）应纳车辆购置税税额=107 000×10%=10 700（元）

13.（1）货车：应纳车船税税额=8×7×100=5 600（元）

（2）商用大客车：应纳车船税税额=2×650=1 300（元）

（3）小轿车：应纳车船税税额=10×400=4 000（元）

该公司当年应纳车船税税额=5 600+1 300+4 000=10 900（元）

项目八　税收征收管理法律制度

一、单项选择题

1.C　2.A　3.C　4.D　5.D　6.B　7.A　8.B　9.A　10.D　11.D　12.B　13.A　14.D　15.C　16.A　17.C　18.C　19.D　20.C

二、多项选择题

1.ABCD　2.BC　3.ABCD　4.ABD　5.CD　6.ABC　7.ABCD　8.ABCD　9.ABC　10.BD　11.BD　12.AD　13.ABCD　14.ACD　15.AD

三、判断题

1.×　2.×　3.×　4.×　5.×　6.×　7.×　8.√　9.√　10.√　11.√　12.√　13.√　14.√　15.×

四、实训题

1.（1）根据《税收征管法》第60条的有关规定："未按照规定期限申报办理税务登记、变更或者注销税务登记的，由税务机关责令限期改正，可以处2 000元以下的罚款；情节严重的，处2 000元以上10 000元以下的罚款。"税务机关可以根据以上法律规定对该超市未办理税务登记的情况进行处理。

（2）根据《税收征管法》第64条的有关规定："纳税人不进行纳税申报，不缴或者少缴应纳税款的，由税务机关追缴其不缴或者少缴的税款、滞纳金，并处不缴或者少缴的税款50%以上5倍以下的罚款。"税务机关可以根据以上法律规定对该超市未办理4 000元的纳税申报的情况进行处理。

2.税务机关应当退还。《税收征管法》第51条规定："纳税人超过应纳税额缴纳的税款，税务机关发现后应当立即退还，纳税人自结算缴纳税款之日起3年内发现的，可以向税务机关要求退还多缴的税款并加算银行同期存款利息，税务机关查实后应当立即退还。退还的利息按照退还税款当天，银行的同期活期存款利率计算利息。"该案例中企业会计是在本年度发现多缴税款，按照税法规定可以要求税务机关退回多缴的10 000元税款及相应的银行同期存款利息。

3.答：税务机关的行政行为不合法。因为根据《税收征管法》第38条的规定，税务机关有根据认为从事生产、经营的纳税人有逃避纳税义务行为的，可以在规定的纳税期之前，责令其限期缴纳应纳税款；在限期内发现纳税人有明显的转移、隐匿其应纳税的商品、货物以及其他财产或者应纳税的收入的迹象的，税务机关可以责令纳税人提供纳税担保。如果纳税人不能提供纳税担保，经县以上税务局局长批准，税务机关可以采取税收保全措施。

该案例中税务机关对李某转移财产的行为采取责令李某提供纳税担保的做法是正确的，对李某不提供纳税担保的行为，税务机关应采取税收保全措施，即8月25日，该税务机关经县税务局局长批准，可以书面通知该纳税户开户银行冻结李某相当于8月份应缴税款的存款，而不应直接采取强制执行措施。在8月29日后李某仍未缴纳税款的，方可对该纳税户采取税收强制执行措施，即该税务机关经县税务局局长批准，可以书面通知李某开户银行从其冻结的存款中扣缴8月份的税款。